청소년을 위한
세계경제원론

03

경제 주기

지은이 **바바라 고트프리트 홀랜더**

바바라 고트프리트 홀랜더(Barbara Gottfried Hollander)는 경제학과 경영 분야의 책을 다수 출간하였다. 바바라는 15년 이상 〈NJJN〉과 〈Kid Zone〉을 포함하여 신문과 잡지에 정기적으로 글을 기고하고 있다. 최근에는 뉴욕타임스 베스트셀러인 〈The World Almanac and Book of Facts〉의 경제 부문과 교육 부문에 편집진으로 참여했다. 또한 로즌 출판사의 경제·금융 시리즈 전문 검토위원이기도 하다.
경제학, 경영, 수학 분야의 교육 콘텐츠 개발자로서도 활동하는 바바라는, 학생들이 자신의 특성과 수준에 맞는 수업을 받기를 바라고 모든 어린이의 '교육을 받을 권리'를 지지한다.
바바라는 미시간주립대학교에서 경제학 학사를 취득했고 뉴욕대학교 대학원에서 경제학 과정을 최우등 졸업(Summa Cum Laude)했다.
바바라는 남편과 세 아이와 함께 노스이스트에서 살고 있다.

- -

옮긴이 **김시래, 유영채**

옮긴이 김시래는 충남 당진 출생으로 대전고와 서울대, 아주대 경영대학원(MBA)을 졸업하고 미국 일리노이대 경영대학원(SPIM)를 수료했다. 1988년 중앙일보에 입사해 편집국 산업·경제 담당 기자와 이코노미스트 편집장을 거쳐 현재는 경제부문 에디터(부국장)로 근무 중이다.
저서로는 《어린이 경제원론》《나는 박수 받을 줄 알았다(상, 하)》《장보고 해양제국의 비밀》 등이 있으며, 역서로는 《우리아이 부자습관》 등이 있다.
옮긴이 유영채는 서울 출생으로 동국대 부속여고를 졸업하고 숙명여자대학교에서 영어영문학을 공부하며 전문 번역가로도 활동하고 있다.

- -

감수 **이지만**

이지만 교수는 연세대학교 경영학과를 졸업하고 동대학원에서 석사 학위를 취득하였다. 이후 런던정치경제대학교에서 석사와 박사 학위를 받았다. 하버드대학교 한국연구소(Korea Institute)에서 객원연구원(Visiting Scholar)을, 인시아드(INSEAD) 유로아시아센터(Euro-Asia Centre)에서 연구교수(Research Fellow)를 지냈다.
현재 연세대학교에서 경영학과 교수로 재직 중이며, 연세대학교 기획실 정책부실장, 최저임금위원회 공익위원, 고용노동부 규제심사위원회 위원, 서울지방노동위원회 심판위원, 경제사회발전노사정위원회의 근로시간 특례업종 개선위원회 위원 등으로 활동하고 있다.

청소년을 위한
세계경제원론

바바라 고트프리트 홀랜더 글 ㅣ 김시래, 유영채 옮김 ㅣ 이지만 감수

03
경제 주기

내인생의책

차례

※ **굵은 글씨**로 표시된 단어는 87쪽 용어 설명에서 찾아보세요.

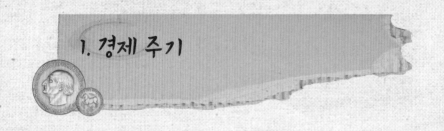

1. 경제 주기

2006년에는 세계 **경제**가 온통 장밋빛이었습니다. 많은 나라에서 경제가 꾸준히 성장하고 있었고 성장은 언제까지나 지속될 것 같았습니다. 사람들은 열심히 일을 해 돈을 많이 벌었어요. 너도나도 먹고살 만해지자 자동차, 냉장고를 사는 등 씀씀이가 커졌지요. 물건을 만드는 기업들도 장사가 잘 되었습니다.

또한 집값이 급격히 치솟으면서 경제 성장이 더욱 탄력을 받았습니다. 사람들은 단지 집을 소유하고 있는 것만으로도 부자가 되었어요. 집을 사려고 **대출**을 받는 것도 쉬웠습니다. 또 주택 소유자들은 값이 오른 주택을 담보로 큰돈을 쉽게 빌릴 수 있었지요. 사람들은 빌린 돈으로 소비를 늘렸고, 덕분에 경제는 계속 호황 상태였습니다.

🌑 새로운 국면

그런데 일 년이 지난 2007년, 경제가 수상해졌습니다. 세계에서 가

콘서트 티켓을 사는 것처럼 무언가에 돈을 쓸 때마다 여러분은 경제 활동에 참여하고 있습니다.

장 큰 미국 경제가 활기를 잃기 시작했습니다. 집값은 더 이상 오르지 않았고, 은행에서 빌린 대출금을 갚지 못하는 사람들이 많아졌어요.

2008년 중반이 되자 세계적으로 경제는 오히려 위축되기 시작했습니다. 기업들은 직원을 해고했지요. 무슨 일이 벌어지고 있었던 걸까요? 여러 면에서 복잡한 이야기입니다. 그러나 좋은 시절이 끝났다고 당황하고만 있을 필요는 없습니다. 경제는 새로운 국면에 접어든 것이니까요.

🌀 경제란?

경제란 **재화**(옷, 자동차 등)와 **서비스**(차를 수리하는 것과 같은 행위)를 만들고, 팔고, 사는 체계를 일컫습니다. 여러분이 새 휴대전화를 사거나 오래된 자전거를 파는 것도 모두 경제 활동의 일부분이지요. 사람들이 일을 하고, 음식을 사고, **세금**을 낼 때마다 자신도 모르는 사이 경제 활동에 참여하고 있는 것이랍니다.

경제가 성장하는 시기가 있는데, 이를 성장기 또는 호황기라고 부릅니다. 이 시기에는 일자리가 많이 늘어나 돈에 여유가 생긴 사람들이 소비를 늘리고, 기업들도 사업을 새롭게 시작합니다. 경제가 침체되는 시기도 있는데, 이를 후퇴기 또는 불황기라고 부릅니다. 이 시기에는 일자리가 없어져 사람들이 소비를 줄이고, 가게들도 문을 닫습니다.

경제는 성장과 침체를 반복하며 주기를 형성합니다. 이러한 **경제 주기**의 시작점을 **최고점**이라 합니다. 성장하는 단계가 최고 지점에 이르렀을 때를 말하지요. 그러다 경제 성장은 후퇴하기 시작하여 가장 낮은 지점인 **최저점**에 이릅니다. 그리고 나면 다시 경제가 성장하여 또 다른 최고점에 이르게 됩니다.

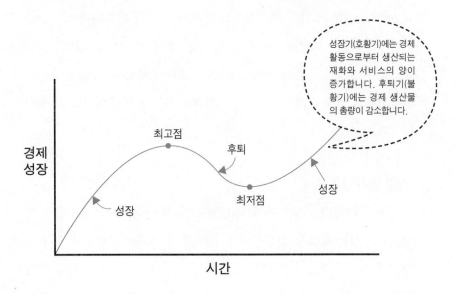

성장기(호황기)에는 경제 활동으로부터 생산되는 재화와 서비스의 양이 증가합니다. 후퇴기(불황기)에는 경제 생산물의 총량이 감소합니다.

🌀 경제 주기

경제 주기에서, 한 최고점부터 다음 최고점까지 걸리는 시간 간격이 일정하게 정해진 것은 아닙니다. **호황**의 시기가 있으면 **불황**의 시기가 뒤따르고, 불황의 시기가 다하면 다시 호황기가 옵니다. 하지만 경제가 성장하는 기간과 침체되는 기간은 각 주기마다 다릅니다. 경제 주기가 반복된다고 해서 성장기가 언제까지이고 후퇴기는 언제까지일지를 정확히 예측할 수 없는 이유가 바로 여기에 있습니다.

성장기에는 사람들이 새 집과 새 차를 사고 휴가를 즐기며, 미래를 위해 저축도 합니다. 침체기에 사람들은 직장을 잃고 집도, 예금도 잃곤 합니다: 새 차를 사거나 휴가를 즐길 여력이 없고 단지 음식과 주거를 위해 돈을 써야 하는 시기이지요.

2. 경제 지표

경제 주기는 호황과 불황의 패턴을 반복합니다. 그런데 우리는 경제가 현재 어느 단계에 있는지 어떻게 알 수 있을까요? 경제학자들은 이를 판단하기 위해 여러 가지를 살펴봅니다. 이 판단 기준을 **경제 지표**라고 부릅니다.

앞으로 우리가 배울 것처럼, 경제학자들은 경제 지표를 중요한 판단 기준으로 삼아 경제가 호황기에 있는지 불황기에 있는지 알아냅니다. 경제 지표에는 다음과 같은 것들이 있습니다.

　－ 생산량이 얼마나 많은가

　－ 소비량이 얼마나 많은가

　－ 국가 간에 거래되는 돈이 얼마나 되는가

　－ 실업자 수가 얼마나 되는가

　－ 빌릴 수 있는 자금은 얼마나 되며 대출 비용은 얼마인가

　－ 재화와 서비스의 값이 얼마이며 돈의 가치는 어떠한가

이 지표들을 바탕으로 우리는 경제가 현재 어느 단계에 있는지를 알수 있습니다. 또한 경제 주기의 각 단계가 얼마나 오래 지속될지를 예측할 수도 있어요.

🔵 국내 총생산(GDP)

경제가 순환 주기의 어느 단계에 있는지를 알아보는 데 주요한 지표가 바로 **국내 총생산**(GDP, Gross Domestic Product)입니다. 국내 총생산이란 한 해 동안 국내에서 생산된 재화와 서비스의 시장 가치를 모두 더한 수치를 말합니다. 국내 총생산은 크게 소비, **투자**, 정부 지출, 순 수출(재화와 서비스의 수출에서 수입을 뺀 수치)의 네 부분으로 구성됩니다. 국내 총생산이 증가하면, 즉 소비와 투자, 정부 지출, 무역이 활발히 이루어지면 경제가 성장합니다. 국내 총생산이 감소하면 시중에 유통되는 자금이 줄어들어 경제가 위축됩니다.

▶▶▶ 소비

일반적으로 개인의 소비가 국내 총생산의 가장 큰 부분을 차지합니다. 미국, 영국, 캐나다, 호주와 같은 선진 산업 국가에서 소비는 총생산량의 약 60퍼센트의 비중을 지닙니다. 사람들이 옷이나 전자 제품, 자동차를 살 때 그 행위가 바로 소비이고 이때의 사람들을 **소비자**라 부릅니다. 영화를 보거나 머리를 자르는 등 서비스를 구매하는 것 또한 소비이지요. 재화와 서비스를 소비하면 경제에 돈이 투입되어 흐르게 됩니다.

▶▶▶ 투자

투자란 개인이나 기업이 수익을 기대하고 자산이나 사업에 돈을 내는 활동으로 국내 총생산을 구성합니다. 가령 새 공장을 건설하는 데 돈을 쓰거나 기계를 사고, 집을 짓는 것이 투자로서 국내 총생산 수치에 영향을 미칩니다.

사람들은 사업을 새로 시작하거나 기존의 사업을 확장시키기 위해 투자를 합니다. 투자는 미래 생산 활동의 기반이 되기 때문에 중요해요. 사람들이 투자를 하면 경제 성장이 가속화되지요.

▶▶▶ 정부 지출

국내 총생산에는 정부가 쓰는 돈도 포함됩니다. 정부는 도로를 새로 내고, 쓰레기를 수거하고, 학교를 짓는 데 지출을 합니다. 의료 연구나 우주 탐사를 하고 군수 시설을 갖추는 데도 비용을 부담해요. 국내 총생산은 생산된 재화와 서비스의 가치를 측정하는 개념이므로, 국내 총생산에 포함되는 정부 지출은 재화와 서비스에 대한 비용만이 계산됩니다. 따라서 장학금처럼 정부가 사람들에게 주는 돈은 그 해에 생산된 재화와 서비스에 대한 비용이 아니기 때문에 국내 총생산에는 포함되지 않아요.

▶▶▶ 순 수출(수출 - 수입)

수출과 **수입**을 통해 국가 간에 거래된 금액도 국내 총생산을 구성하는 요소입니다. 여러분이 일본에서 만든 컴퓨터를 산다면 외국 제품인

호주 멜버른에 위치한 컨테이너 항구의 모습입니다. 시장으로 운반되기 전의 수출품과 수입품으로 붐비고 있지요.

수입품을 구매한 것이지요. 일본 쪽에서 보자면 우리나라로 재화를 수출한 셈이 됩니다.

국내 총생산을 계산할 땐 수출과 수입을 모두 고려해야 합니다. 순수출액이 얼마인지를 알아내려면 수출한 금액(나라 안으로 들어온 돈)에서 수입한 금액(나라 밖으로 빠져나간 돈)을 빼면 돼요. 만약 총 수입액이 총 수출액보다 크다면 그 나라는 **무역 수지 적자**를 기록했다고 합니다. 반대로 총 수출액이 총 수입액보다 크다면 **무역 수지 흑자**를 기록했다고 하지요. 2010년에는 우리나라를 비롯하여 독일, 중국, 러시아가 무역 수지 흑자를 기록한 반면 미국, 영국, 인도는 무역 수지 적자를 기록했습니다.

▶▶▶ 국내 총생산의 한계

국내 총생산은 한 나라의 경제 상황을 알 수 있는 유용한 지표이나 한계가 있습니다. 우선, 계산이 어렵기 때문에 시장을 통하지 않는 거래는 포함되지 않아요. 그래서 주부의 가사 노동이나 자기가 소비하기 위해 생산하는 활동은 국내 총생산에서 제외됩니다. 또한 경제 성장 과정에서 자연 환경이 파괴되거나 각종 공해가 발생하는데 이러한 손해도 반영되지 않습니다. 따라서 국내 총생산이 높다고 무조건 국민의 삶의 질까지 높다고 단정할 수는 없어요.

노동 시장

실직 상태에 있는 사람들이 얼마나 되는지도 경제 상황을 보여 주는 경제 지표에 포함됩니다. 경제 상황에 상관없이 실업 상태인 사람들이 있어요. 경쟁 기업에 뒤처진 기업이 인력을 줄이기 때문에 사람들이 일자리를 잃는 경우입니다. 한편 경기가 안 좋아져서 또는 국내 총생산이 감소하기 때문에 사람들이 실직하기도 합니다.

▶▶▶ 실업

각 나라는 나라 차원에서 자국의 실업률을 측정합니다. **실업률**이란 일할 능력과 취업할 의사가 있는 사람 가운데 일자리가 없는 사람이 차지하는 비율을 말합니다. 일자리 찾기를 포기한 사람이나 가정주부, 학생 등 일할 의사가 없는 사람은 실업률 계산에 포함되지 않아요.

▶▶▶ 마찰적 실업

직장을 다니던 사람이 회사가 마음에 들지 않아 새 일자리를 알아보기 위해 잠시 쉬는 경우가 있지요. 이런 경우를 마찰적 실업이라고 합니다. 또 대학생이 학교를 마치고 직장을 구하는 기간의 일시적인 실업도 마찰적 실업이라고 해요. 마찰적 실업은 더 좋은 조건을 찾는 탐색 행위로 인해 발생하므로 '탐색 마찰'이라 부르기도 한답니다.

▶▶▶ 구조적 실업

우리나라의 섬유 업체들은 값싼 인건비 때문에 대부분 중국이나 동남아로 공장을 옮겼어요. 따라서 국내 섬유 업종에 종사하던 사람들은 직장을 잃었지요. 이처럼 산업 구조가 변화하면서 생기는 장기적인 실업을 구조적 실업이라고 합니다.

▶▶▶ 경기적 실업

경제 성장이 느려지고 위축되면서 발생하는 실업이 경기적 실업입니다. 경제가 위축되면 기업은 전처럼 많은 재화와 서비스를 생산하지 못합니다. 결국 기업은 직원 수를 줄이거나 문을 닫기 때문에 실업이 발생하는 것이지요.

예를 들어 2007년 12월, 경제가 하강하기 시작하던 무렵에는 영국의 실업자 수가 81만 3천 명이었어요. 그러나 불황기인 2010년 2월에는 영국의 실업자 수가 무려 250만 명으로 증가했습니다.

▶▶▶ 계절적 실업

매년 12월이 되면 항상 쇼핑센터가 붐비지요. 사람들이 크리스마스

💵 실업 보험금

정부는 실직 상태에 있는 사람에게 **실업 보험금**을 지급합니다. 사람들은 직장에서 일을 하는 동안에 정부에 세금을 내요. 그래서 자신의 잘못이 아닌 이유로 퇴직하게 되면, 새 직장을 구하는 동안에 이러한 급여나 수당을 받을 권리가 있습니다.

그런데 실직자가 이 권리를 누리려면 반드시 특정 요건을 충족시켜야 합니다. 즉, 실직자는 다른 직장을 적극적으로 구하고 있어야 합니다. 또 왜 직장을 잃었는지도 따져봅니다. 스스로 직장을 그만둔 사람은 실업 급여를 받지 못해요.

우리나라에서도 고용보험 실업 급여 제도를 실시합니다. 고용보험에 가입한 근로자가 실직했을 때 다시 일자리를 구하는 동안 소정의 급여를 제공해 줍니다. 그럼으로써 실업으로 인한 생계 불안을 극복하고 안정된 상황에서 재취업 활동을 하도록 돕지요.

어떤 사람들은 이런 실업 보험금을 받으면서 '실업의 덫'에 빠지기도 해요. 일을 하지 않고 급여를 받기 때문에 새 직장을 찾을 필요성을 느끼지 못하는 것이지요. 그러나 실업 급여는 직장에 다니면서 받는 **임금**보다는 훨씬 적습니다.

나 연말 선물을 사려고 쇼핑센터를 많이 찾기 때문입니다. 기업은 늘어난 고객을 담당할 직원들을 새로이 고용합니다. 하지만 연휴가 끝나면 이 직원들은 일자리를 잃게 됩니다.

이를 계절적 실업이라고 부릅니다. 어떤 시기에는 직원이 더 필요하고, 어떤 시기에는 그렇지 않기 때문에 계절적 실업이 발생하지요. 가령 스키장에서는 겨울에 일할 사람이 많이 필요합니다. 반면 건설 현장에서는 야외에서 일하기 좋은 봄, 가을에 더 많은 인력이 필요합니다.

🔋 통화의 흐름

통화(유통 수단이나 지불 수단으로서 기능하는 화폐)의 흐름 또한 중요한 경

직장을 잃은 사람들은 새로운 기술을 배우기 위해 재훈련을 받기도 합니다. 새 기술을 습득하면 더 많은 일자리에 지원할 수 있지요.

금리는 어떻게 움직이나?

금리(빌려 준 돈이나 예금 따위에 붙는 이자 또는 그 비율)는 정확히 어떻게 움직일까요? 은행에서 대출을 받으면 대출 금액에 **이자**가 붙어요. 즉 누군가에게 돈을 빌렸을 때 그 대가로 원금에 추가적으로 붙는 금액이 이자입니다. 그러므로 돈을 빌린 사람은 원금에 더해 이자까지 모두 갚아야 대출받은 금액을 완전히 갚았다고 할 수 있습니다. 갚아야 할 이자액은 원금의 액수와 이자율에 따라 달라집니다. 예를 들어 여러분이 은행에서 20만 원을 대출받았을 때 금리가 연 10퍼센트라면 1년 뒤에는 이자 2만 원과 함께 총 22만 원을 갚아야 합니다.

이자 벌기

돈을 빌린 사람에게 이자는 지불해야 하는 비용입니다. 반대로 돈을 빌려 준 사람에게 이자는 벌어들이는 수익이 됩니다.

대출을 받은 채무자(특정인에게 일정한 빚을 갚아야 할 의무가 있는 사람)가 은행에 이자를 납부하면 은행은 수익을 얻지요. 은행이 누군가에게 돈을 빌려 준다면, 이는 곧 은행이 투자 행위를 하는 것입니다. 이자를 받으면 투자 수익을 얻는 셈이지요. 이것이 은행 운영의 핵심입니다. 은행이 수익을 얼마나 올릴 것인가는 이자율에 따라 달라집니다. 은행이 이자로 수익을 올리고 이 수익으로 다시 대출을 제공하는 일련의 활동이 경제 주기를 움직이게 합니다.

제 지표가 됩니다. 통화량을 관리하는 곳이 바로 **중앙은행**이에요. 대부분의 나라에는 중앙은행이 있으며 중앙은행은 통화량을 조절해 경제 주기에 영향을 미칩니다.

▶▶▶ 통화 공급량(통화량)

중앙은행은 경제 성장의 속도를 높이거나 낮추기 위해 몇 가지 행동을 취합니다. 나라에 유통되는 통화량을 변화시키는 것이 그 예입니다. 통화 공급량(통화량)이란 시중에 통용되고 있는 화폐를 어느 시점에서 측정한 총액을 말합니다.

중앙은행은 통화 공급을 늘릴 수도, 줄일 수도 있어요. 이렇게 되면 개인과 기업이 돈을 빌리는 데에 대한 대가, 즉 이자율이 영향을 받습니다. 한 경제 내에 통화량이 증가하면 대개 이자율은 떨어져요. 반면 통화량이 감소하면 이자율은 오릅니다. 이자율이란 빌리거나 빌려 준 금액(원금)에 대한 이자의 비율을 뜻합니다.

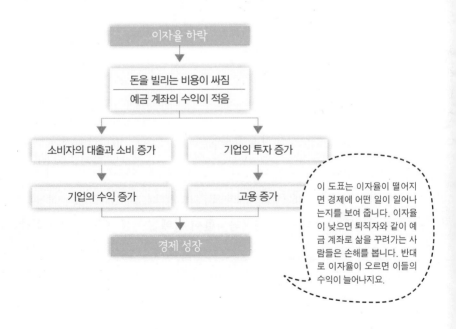

이 도표는 이자율이 떨어지면 경제에 어떤 일이 일어나는지를 보여 줍니다. 이자율이 낮으면 퇴직자와 같이 예금 계좌로 삶을 꾸려가는 사람들은 손해를 봅니다. 반대로 이자율이 오르면 이들의 수익이 늘어나지요.

이자율이 상승하고 하락하는 것이 어떻게 경제 주기에 영향을 줄까요? 이자율은 돈을 빌리는 비용이 얼마나 드는지를 결정하기 때문에 중요합니다.

이자율이 떨어지면 돈을 빌리는 비용이 저렴해져서 많은 개인과 기업이 대출을 받아 소비를 합니다. 이렇게 개인과 기업이 소비를 하면 시중에 유통되는 돈이 증가하므로 경제가 성장하지요.

이자율이 오르면 돈을 빌리는 비용이 비싸집니다. 따라서 돈을 빌리려는 개인과 기업은 적어지고, 시중에 유통되는 자금도 줄어들지요. 결국 경제 성장은 느려질 수밖에 없습니다.

이처럼 이자율은 생산과 소비와 같은 경제 지표에 큰 영향을 줍니다. 이자율이 한 나라의 경제가 어떤 상태에 있는지를 결정하는 중요한 요인이 된다는 의미입니다.

🎵 가격

중앙은행은 시중의 통화량을 조절함으로써 이자율을 변동시킵니다. 그런데 통화량의 증가와 감소는 이자율에 영향을 줄 뿐만 아니라 돈의 가치에도 영향을 미칩니다.

가격의 변화 또한 경제학자들어 경제 주기를 연구할 때 고려하는 중요한 경제 지표입니다.

📖 공급, 수요, 그리고 가격

물건의 가격이 변하는 데에는 여러 이유가 있는데, 그중에 **수요**와 **공급**의 법칙이 중요합니다.

기업은 재화나 서비스의 가격을 높게 책정할수록 수익을 많이 남깁니다. 그리고 이 수익으로 더 많은 제품을 생산합니다. 기업이 제품을 더 많이 팔면, 수익도 그만큼 늘어나지요. 따라서 가격이 높을수록 기업은 공급량을 늘리고 싶어 해요. 이를 '공급의 법칙'이라 합니다.

공급만으로 경제를 설명할 수는 없어요. 수요 역시 중요한 요소이기 때문입니다. 공급자는 항상 재화와 서비스를 제공하려고 하지만 **소비자**가 그것들을 살 의사와 능력이 있어야 의미가 있겠지요. 여기서 가격을 생각해 보아야 합니다. 사람들은 가격에 따라 물건을 살지 말지를 결정하기 때문이에요. 가격이 오르면 수요량은 어떻게 변할까요? 물건 값이 비싸지면 사람들은 대개 그 물건을 덜 사기(또는 전혀 사지 않기) 때문에 수요량은 감소합니다. 이를 '수요의 법칙'이라 합니다.

슈퍼마켓 음식 같은 일상품은 가격이 변화할 때 판매량 또한 달라집니다. 가령 상추의 가격이 떨어지면 상추를 찾는 소비자가 많아져서 판매량이 늘어나지요.

⚡ 디플레이션

시중에 통화량이 충분하지 않을 때, 흔히 사용하는 재화와 서비스(음식, 석유, 이발 등)의 가격이 하락하는 현상을 **디플레이션**이라고 합니다. 디플레이션 때에는 상품 가격이 점점 떨어지기 때문에 사람들이 돈을 쓰지 않고 가지고 있으려고 해요. 이렇게 사람들이 물건 구매를 계속해서 미루면 경제가 침체에 빠질 수밖에 없습니다.

⚡ 인플레이션

중앙은행이 시중에 돈을 많이 투입하면 재화와 서비스의 가격이 오릅니다. 시간이 흐르면서 일반적으로 재화와 서비스의 가격이 오르는 현상을 **인플레이션**이라고 해요. 인플레이션 때에 사람들의 소비 행태는 디플레이션 때와는 반대 현상을 보입니다. 즉, 재화와 서비스의 가격이 점점 오르기 때문에 사람들은 그것들을 미리 사 두려고 하지요. 결국 인플레이션 때는 시중에 돈이 더 많이 흘러들어요.

그런데 중앙은행이 시중에 통화를 너무 많이 투입하면 상품 값이 계속 오르니 수요가 급증하게 돼요. 그러면 물가가 더욱 오릅니다. 이때 물가 상승에 비해 사람들의 **수입**이 늘지 않는다면 사람들의 구매력(재화나 서비스를 살 수 있는 능력)이 줄어듭니다. 예를 들어 어제 1,000원 하던 치약이 오늘은 1,200원으로 올라 더는 1,000원으로 치약을 살 수 없는 것이지요. 이러한 상황은 경제를 악화시킵니다.

🏦 초 인플레이션

초 인플레이션은 인플레이션이 엄청난 속도로 증가할 때를 말합니다. 초 인플레이션이 발생하면 나라의 **통화**는 점점 돈으로서의 가치가 없어져요. 물건 가격이 매일 오르기 때문에 사람들은 돈의 가치가 더 떨어지기 전에 물건을 사 두려고 서둘러 가게로 달려가지요.

1920년대에 독일은 제1차 세계대전(1914~1918)이 끝나고 전쟁 **부채**를 갚으려 돈을 마구 찍어대다가 초 인플레이션을 불러 왔습니다. 1921년 초에는 미화 1달러가 독일 돈 60마르크의 가치와 같았어요. 그런데 1923년 후반에는 미화 1달러를 바꾸기 위해 무려 4조 2천억 마르크가 필요했답니다! 독일 사람들은 저축해 둔 돈이 점점 쓸모없어지는 현실을 목도하였지요. 결국 독일 마르크는 새 통화로 교체되었습니다.

최근에는 짐바브웨가 초 인플레이션을 겪었습니다. 초 인플레이션이 가장 극심했던 2008년에는 물가가 매일 두 배씩 뛰었습니다. 짐바브웨 정부는 100조 짐바브웨 달러와 같이 더욱더 큰 단위의 화폐를 찍어내기 시작했어요. 끝내 짐바브웨는 짐바브웨 달러 사용을 포기하고 미국 달러 등 다른 통화를 가져다 썼지요.

▶▶▶ 인플레이션의 종류

인플레이션은 발생 원인에 따라 여러 종류로 나눌 수 있어요. 통화 인플레이션은 경제 내에 통화량이 많아져서 일반적인 물가 수준이 상승하는 것을 일컫습니다. 비용 인상 인플레이션도 있습니다. 기업은 제품을 생산하기 위해서 비용을 들여야 합니다. 이때 생산 비용이 증가하면 판매 가격도 덩달아 오르는 경우가 많아요. 추가된 생산 비용 비용

1920년대에 독일 어린이들이 거리에서 돈을 가지고 놀고 있습니다. 제1차 세계대전 이후 독일 마르크는 가치가 매우 떨어져서 돈으로서의 역할을 거의 하지 못했어요.

만큼 구매자에게로 전가되기 때문입니다. 이를 비용 인상 인플레이션이라 부릅니다.

기업은 노동자에게 일을 한 대가인 임금을 제공합니다. 만약 기업이 직원들에게 임금을 더 주되 손해는 보지 않으려 한다면 기업은 제품의 가격을 높입니다. 이러한 인플레이션을 임금 인플레이션이라 해요. 다른 인플레이션과 마찬가지로 임금 인플레이션도 경제 주기에 영향을 줍니다.

🌀 인플레이션과 고정 수입자

인플레이션으로 물가가 오르는 만큼 수입도 늘어난다면 사람들은

> **대체 나랑 무슨 상관이지?**
>
> ❝경제 지표를 어떻게 활용할까❞
>
> 아래의 표는 이 장에서 배운 여러 경제 지표를 요약해 놓은 것입니다. 여러분은 경제 지표에 대한 지식을 이용하여 소비 습관을 바꿀 수도 있고 직업을 선택할 때 좋은 방향으로 나아갈 수 있으며, 자동차 대출금이 얼마가 될지 계산해낼 수도 있을 거예요. 이제 신문을 읽을 때면 경제 지표를 생각하고 읽어 보세요.
>
> | 경제 지표 | 어떻게 봐야 하나? |
> |---|---|
> | 국내 총생산(GDP)의 증가나 감소 | 경제가 호황인지 불황인지 판단합니다. |
> | 소비 | 소비가 늘어나면 경제가 호전됩니다. |
> | 투자 | 투자가 늘면 기업이 성장하고 일자리도 늘어납니다. |
> | 수출 | 무역 수지 흑자인 경우 국내 총생산이 늘고 경제가 호전됩니다. |
> | 수입 | 무역 수지 적자인 경우 국내 총생산이 낮아집니다. |
> | 실업률 | 새 일자리를 구할 가능성을 판단합니다. |
> | 통화량 | 통화량이 늘면 개인과 기업이 돈을 빌리기 쉬워집니다. |
> | 이자율(금리) | 금리가 오르면 대출 비용이 비싸집니다. |
> | 물가 변동 지수 | 경제가 인플레이션인지 디플레이션인지 알 수 있습니다. |

그럭저럭 살림살이를 꾸려 나갈 수 있어요. 그러나 임금이 오르지 않거나 저축과 이자로만 살아가는 퇴직자처럼 '고정 수입'을 받는 사람들의 경우는 어떨까요? 이자율은 오르지 않는데 물가만 오르면 저축해 놓은 돈의 가치가 계속 떨어지므로 이전처럼 삶을 꾸려 나갈 수 없어요. 이와 같이 은행에 돈을 넣어 두고 이자로만 생활하는 사람들은 인플레이션 때 가장 힘듭니다.

3. 경기 호황

경제 지표를 통해 나라의 경제가 호황기에 있는지 불황기에 있는지 알 수 있다고 했습니다. 경기에 활력을 더하는 요인은 많습니다. 그중 가장 중요한 것이 소비이지요.

사람들은 경기가 호황일 때를 좋아합니다. 경기가 활성화되면 일자리가 늘어나고 소비할 수 있는 자금이 많아지고 재화와 서비스의 양도 증가하기 때문이에요. 기업도 역시 경기 호황을 좋아합니다. 생산이 늘어남으로써 더 많은 돈을 벌며 성장할 수 있으니까요.

🔥 소비를 하자

대개 국내 총생산이 증가하면 경제가 성장했다고 판단하는데, 국내 총생산의 대부분은 개인의 소비로 이루어져 있습니다. 사람들이 소비를 많이 할수록 경제가 성장하는 것이지요. 사람들은 불황기에 비해 호황기에 재화와 서비스의 구매를 많이 하기 마련입니다. 또 이때 사람들은 대출이나 **신용** 카드를 통해 돈을 많이 빌리는 경향이 있습니다. 그리고 빌린 돈으로 재화와 서비스를 더 많이 사지요.

🔋 더 많은 소비, 더 많은 투자

사람들이 소비를 많이 할수록 기업은 사람들에게 팔 물건을 많이 만듭니다. 기업은 생산을 늘리기 위해 공장을 더 짓고 새 가게를 열지요. 기업이 사업을 확장시키고 물건을 더 만들기 위해 쓰는 돈(투자금)은 경제 성장을 유지시켜 줍니다.

기업은 물건의 판매가 늘어나면 공급량을 맞추기 위해 직원을 더 고용하려 합니다. 새 직원들이 고용되면 실업률이 낮아지지요. 그리고 새 직원들 또한 자신의 임금을 재화와 서비스를 구입하는 데 사용해요.

경기 호황 때 사람들은 새 집을 사는 등 미래를 위한 투자를 합니다.

🎵 더 많은 소비, 더 많은 이윤

기업은 물건을 많이 팔수록 돈을 많이 법니다. 판매가 증가하면 **이윤**도 커진다는 말이지요. 기업은 사업을 운영하기 위해 돈을 지출하기도 하는데 이 돈을 비용이라고 합니다. 그리고 물건을 팔고 받는 돈, 즉 수입(소득)을 얻어요. 수입에서 비용을 뺀 것을 이윤이라고 합니다.

기업은 벌어들인 이윤을 사업 확장 투자금으로 쓸 수 있어요. 또한 기업의 부분 소유자라 할 수 있는 주주들에게 이윤의 일부를 줄 수도 있어요. 이때 주주의 이익을 **배당금**이라 합니다. 기업이 투자를 하고, 배당금을 받은 사람들이 소비를 하면 경제 성장에 도움이 되지요.

🎵 돈을 빌려 소비하기

개인과 기업은 종종 비용을 지불하기 위해 돈을 빌립니다. 이자율은 돈을 빌리는 비용이라고 했지요. 이자율이 낮으면 개인과 기업은 돈을 많이 빌리려고 해요. 돈을 빌리는 대가가 싸기 때문이에요. 따라서 중앙은행이 이자율을 낮추면 투자와 소비가 늘어나서 경제 확장이 가속화됩니다.

🎵 정부의 역할

정부가 지출을 늘리면 경제가 일시적으로 활성화됩니다. 정부는 직접적으로 재화와 서비스에 돈을 쓸 수 있어요. 가령 정부 사업으로 새 도로를 만들 때, 현장에서 일하는 노동자에게 임금을 지불하는 것처럼 말이지요. 정부는 또한 세금을 낮춤으로써 경제에 도움을 주기도 합니

🔖 대출받아 생활하기

2000년부터 2007년까지 지속된 경기 호황이 끝나자 영국과 미국의 대다수 국민들은 경기가 활성화되기 전보다 오히려 살림살이가 힘들어졌습니다. 많은 가계에서 호황기 동안 수입이 늘어나긴 했지만, 생활비가 더 빠른 속도로 많이 늘어났기 때문이에요. (생활비에는 음식, 대출금, 세금, 석유와 같이 필수적인 재화와 서비스가 포함돼요.) 그래서 결국 사람들은 이전만큼 소비를 할 수 없게 되었어요.

사람들이 경기 호황 때의 생활 수준을 유지하기 위해 어떻게 했을까요? 돈을 빌렸답니다. 수백만 명의 사람들이 돈을 빌리고 신용 카드를 마구 사용했습니다. 오른 집값을 담보로 대출을 받기도 했어요. 사람들은 나중에 돈을 갚을 수 있으리라 생각했지만, 대다수가 그러지 못했지요.

다. 정부가 사람들이 납부해야 하는 세금을 줄여 주면 사람들은 소비를 하는 데 돈을 더 쓸 수 있어요. 이렇게 소비가 늘어나면 경제는 성장합니다. (세금에 관해 더 많이 알고 싶다면 46쪽을 보세요.)

⚡ 신뢰의 증가

사람들은 경제가 계속해서 성장할 것이라는 믿음을 지니고 소비를 늘립니다. 이것을 **소비자의 신뢰**라고 합니다.

예를 들어 사람들은 훗날 취직을 하리라고 확신한다면 굳이 소비를 줄이지 않습니다. 돈을 절약하는 것에 대해 심각하게 생각할 필요가 없기 때문입니다. 반대로 한 달 뒤에 일자리를 잃을 수도 있다고 생각한다면 소비를 줄일 것입니다. 수입이 없어질 때를 대비해서 돈을 절약하고 싶어 하지요. 그러므로 소비자의 신뢰가 증가하면 경제 성장을 촉진

할 수 있습니다.

기업에도 같은 개념이 적용됩니다. 미래에도 계속 경제가 성장한다는 믿음으로 기업은 투자를 합니다. 경제 성장은 상품에 대한 수요가 많아진다는 의미이며, 기업은 상품을 많이 팔아 더 큰 수익을 올리기를 원해요. 그래서 앞으로도 판매량이 증가하리라고 확신할 때 기업은 공장을 짓는 등 성장을 위한 투자를 하지요.

🔋 높은 생활 수준

경기가 좋을 때 사람들은 대개 높은 생활 수준을 즐깁니다. 사람들이 재화와 서비스, 사치품을 얼마나 안정적으로 살 수 있는지를 보면 생활 수준을 알 수 있어요. 경제학자들은 **1인당 국내 총생산**으로 한 나라의 생활 수준을 측정하곤 합니다. 1인당 국내 총생산은 국내 총생산을 그 나라의 인구수로 나누어 계산합니다.

경제가 성장할 때는 총생산량이 증가하므로 소비자가 이용할 수 있는 재화와 서비스의 양이 늘어납니다. 임금 또한 증가하고요. 그러면 상품 선택의 범위가 넓어진 상황에서 사람들은 소비를 늘리지요.

그러나 국민들에게 부가 얼마나 골고루 분배되어 있는지, 또는 가난하게 사는 사람은 얼마나 되는지를 1인당 국내 총생산만으로 알 수는 없습니다. 1인당 국내 총생산이 늘어난다 해도 대부분의 부를 소수의 사람들이 차지한다면, 나머지 많은 사람들의 생활 수준은 이전보다 나아지지 않아요.

ⓜ 위험의 증가

경기 호황은 사람들에게 경제에 대한 신뢰를 부여합니다. 하지만 때로 이 신뢰로 인해 개인과 기업은 너무나 큰 위험을 떠안기도 해요. 위험(Risk)이란 기대했던 바와 다른 결과가 일어날 가능성을 말해요. 예를 들어 직장을 계속 다닐 줄 알고 신용 카드로 컴퓨터를 샀는데 다음 달에 해고를 당했다고 생각해 보세요. 기업이 은행에서 대출을 받아 공장을 지었는데 경기가 얼어붙어 물건이 팔리지 않는다고 생각해 보세요. 이런 것이 바로 위험입니다. 최근의 경기 호황 동안 개인과 기업 모두 많은 돈을 빌렸습니다. 경제가 성장하므로 돈을 충분히 갚을 수 있다고 믿었기 때문이지요. 그러나 불행히도 경기 호황은 지속되지 않았고 개

대체 나랑 무슨 상관이지?

❝ 주식과 '부의 효과' ❞

경제가 성장하면 **주식 시장**이 활성화되어 그로 인해 혜택을 보는 사람들이 생깁니다. 주식 시장이란 기업의 **주식**을 사고파는 장소입니다. 은행이나 퇴직 기금과 같은 조직을 비롯하여 많은 사람들이 큰 수익을 내기 위해 주식에 투자를 합니다.

기업이 수익을 올리고 있거나 또는 개선될 여지가 있다고 투자자에게 확신을 주면 사람들은 그 기업의 주식을 삽니다. 그러면 그 기업의 주가(주식의 가격)는 올라요. 낮은 가격에 주식을 샀던 사람들은 주가가 오르면 수익을 얻지요. 예를 들어서 한 주당 5천 원에 500주를 산 사람이 1주 가격이 1만 원으로 올랐을 때 주식을 모두 팔면, 총 250만 원의 수익을 올립니다.

주가가 뛰면 상품 가치가 오른 투자 상품을 보유한 것만으로도 사람들은 부(富)가 늘어났다고 느껴요. (그러나 주식을 팔지 않는 이상 실제로 이 수익을 볼 수는 없어요.) 사람들은 이 잠재적인 부 때문에 소비를 늘리는 경향이 있습니다. 이것을 '부의 효과'라고 해요.

인과 기업은 빌린 돈을 갚지 못했어요.

🔅 역사상 호황기

역사를 살펴보면 경기가 좋을 때 사람들의 생활 수준이 높아졌어요. 기업도 경기 호황 때 상품 판매가 잘 되니 이윤이 늘어나 성장을 했지요.

▶▶▶ 아시아의 호황

2002년에 일본 경제는 지난 10년 동안 계속된 수렁에서 빠져 나와(55쪽 참고) 이후 69개월 동안 성장했는데, 이는 제2차 세계대전(1939~1945) 이래 가장 오래 지속된 호황기였어요. 중국 경제 또한 이 시기에 성장을 거듭했어요. 영국과 미국이 1인당 국내 총생산(생활 수준)을 두 배로 올리는 데 50년의 세월이 걸린 데 반해, 중국은 이것을 약 10년 만에 해

경제학에는 '부의 효과'라는 개념이 있어요. 대개 사람들은 재산이 증가할수록(심지어 증가한다고 느끼기만 해도) 소비를 늘린다는 현상을 말합니다.

내었습니다. 중국 인구가 13억 명 이상인 것을 감안한다면 더욱 놀라운 일이지요. 그리고 아시아의 경제를 살필 때 한국을 빼놓을 수 없습니다. 우리나라는 1960년에 국민 총생산이 불과 20억 달러에 머물렀지만 2000년에는 무려 200배가 넘는 4552억 달러가 될 정도로 비약적인 경제 성장을 이루었어요. 특히 우리나라 경제는 1980년대 후반과 1990년대 초반까지 대단히 호황을 누렸어요.

이렇게 아시아 경제가 성장한 데에는 투자가 활발히 이루어진 사실과 더불어 여러 가지 이유가 있습니다. 노동 인구(특히 여성)가 증가하고 사람들이 농촌을 떠나 도시로 일을 하러 몰려들면서 호황기를 이끌었어요. 아시아 국가들은 재화와 서비스의 수출량도 많지요. 실제로 아시아는 세계 무역의 30퍼센트를 차지하고 있고, 중국은 세계에서 가장 수출을 많이 하는 3개국 중 하나입니다.

▶▶▶ 미국과 영국의 호황기

미국의 가장 유명한 경기 호황은 1920년대에 찾아왔습니다. 생활 수준이 높아진 일부 사람들이 재미와 속도를 추구하며 돈을 흥청망청 써서 이 시기를 '광란의 20년대'라고도 부르지요. 당시에는 금리가 낮고 대출을 받기도 쉬워서 사람들의 소비를 부추겼어요. 그러나 1929년에 주식 시장이 폭락하면서 이 호황기는 끝이 났습니다(56쪽을 보세요).

역사상 미국에서 호황기가 가장 오래 지속된 기간은 1991년부터 2001년까지입니다. 최근으로 살펴보자면 미국은 2002년에 다시 경제가 성장하여 2007년 후반에 성장기를 끝맺었습니다. 1920년대에 그랬듯이 이때도 낮은 이자율과 쉬운 대출이 호황을 도왔어요. 또한 1920년대와 마찬가지로 2008년에 주식 시장이 무너지면서 호황기도 멈추었지요.

　1992년 영국에서는 역사상 가장 오래 지속된 경기 호황이 시작되었습니다. 경제는 16년 동안 성장을 지속했어요. 사람들은 잘 살게 되면서 소비를 늘렸고, 기업은 돈을 벌고 성장하면서 더 많은 직원을 채용했어요. 1999년 12월에 영국의 실업률은 근 20년 중 가장 낮아졌습니다. 수출도 늘어나 영국의 제품은 여러 나라에 팔렸어요. 기업들의 실적이 좋아 주식을 사려는 사람들이 많아지니 자연히 주가도 뛰었지요. 그러나 우리가 앞으로 살펴볼 것처럼, 이 호황기가 언제까지고 지속되지는 않았습니다.

미국 국민 모두가 '광란의 20년대'를 즐긴 것은 아닙니다. 생활 수준이 오르지 않은 국민들도 상당히 많았기 때문이지요.

1990년대 말과 2000년대 초는 세계적으로 경제 성장의 시기였습니다. 사람들은 더 많은 돈을 빌리고 지출을 늘렸으며 높은 생활 수준을 즐겼지요. 기업도 많은 이윤을 남기며 사업을 확장했어요. 주가가 올랐고 실업률이 떨어졌습니다.

경제 성장(GDP)이 잠재 성장률을 앞서 나가는 나라들도 많아졌습니다. 잠재 성장률이란 물가 상승을 유발하지 않고 달성할 수 있는 최대 성장률을 뜻합니다. 경제 성장률은 잠재 성장률과 비슷한 수준에서 장기적으로 지속되는 것이 가장 바람직해요. 경제 성장률이 잠재 성장률을 웃돌면 경기가 과열되었다고 볼 수 있어요.

영국의 잠재 성장률은 연 2.5퍼센트 정도예요. 그러나 경기 호황 때 영국의 경제 성장률은 매년 3.5~4퍼센트를 기록했지요. 산업 국가의 잠재 성장률은 대개 2~2.5퍼센트입니다. 그러나 몇몇 나라는 잠재 성장률의 수치가 달라요. 중국의 잠재 성장률은 8~9퍼센트 정도로 훨씬 높습니다. 따라서 중국은 잠재 성장률을 웃도는 10퍼센트의 실제 성장률을 보일 때 호경기라고 할 수 있어요.

4. 경기 침체

경제 주기에서 호황기가 지속되다 정점에 달하면 이어서 침체기가 시작됩니다. 경기 침체기에는 소비가 줄고 일자리가 적어지며 회사는 문을 닫습니다.

🌀 경기 침체의 시작과 지속

경기가 침체되기 시작하면 소비자들은 실직을 당하거나 경제를 확신하지 못하기 때문에(30쪽 참고) 소비를 줄입니다. 더군다나 대출을 받기 어려워지므로 소비를 줄여야 해요. 이자율이 높거나 대출 조건이 까다로워지면 사람들은 이전보다 대출을 덜 받을 수밖에 없습니다.

소비자들이 소비를 줄이면 도미노 효과가 발생합니다. 도미노를 줄지어 세워놓고 맨 앞에 있는 도미노를 밀면 어떻게 될까요? 앞의 도미노가 쓰러지면서 그 뒤의 도미노를 쓰러뜨리고, 연쇄적인 반응으로 결국 모든 도미노가 쓰러집니다.

경제에서 소비가 감소한다는 것은 기업이 그만큼 재화나 서비스를 팔지 못한다는 사실을 의미합니다. 그렇게 되면 기업은 돈이 부족해 생산을 늘리거나 투자를 할 수 없어요. 사람들이 계속해서 소비를 줄인다면 기업은 물건을 팔기 위해서 가격을 낮추어야 합니다. 결국 문을 닫는 기업도 생기지요. 기업이 생산을 줄이거나 폐업한다는 것은 사람들이 직장을 잃는다는 말과 같습니다. 소득이 줄거나 실직한 사람들은 이전만큼 소비를 할 수 없지요. 그래서 소비는 더욱 줄고 위와 같은 일련의 과정이 계속되며 경기 침체는 더욱 악화됩니다.

🌀 지구촌 경제

돈은 한 곳에 머물러 있지 않고 세계 곳곳을 돌아다닙니다. 기업은 외국에 공장을 짓고 지사를 둡니다. 정부나 개인도 다른 나라에 투자를 해요. 나라끼리 재화와 서비스를 수출하고 수입하는 무역도 활발히 일어나지요. 이렇게 경제가 지구촌으로 확장되면 장점이 많습니다. 큰 판매 시장을 확보할 수 있고 노동자, 원료와 같은 생산에 필요한 인적, 물적 자본을 싼 비용으로 충당할 수 있기 때문이에요.

하지만 단점 또한 존재합니다. 앞서 설명한 도미노 효과를 떠올려 보세요. 미국의 경기 침체가 전 세계에 도미노 효과를 일으켰습니다. 즉, 많은 외국 지사를 거느린 미국 기업이 무너지자 외국 지사들도 문을 닫게 되었어요. 미국 본사 직원들뿐만 아니라 외국 지사의 직원들도 회사에서 쫓겨났다는 말입니다. 이 기업에 투자한 사람들이 투자금을 잃은 것도 물론이고요.

기업과 경기 침체

기업은 부채를 갚을 수 없을 때 **파산**합니다. 경기 침체기에는 개인과 기업 모두 빌린 돈을 갚거나 각종 비용을 치르는 데 어려움을 겪어요. 아래 미국 기업들은 경기 침체기에 지점을 대폭 정리했어요.

◇ 앤 테일러(의류)　　◇ 풋 로커(신발)　　◇ 케이비 토이즈(장난감)

◇ 피어 원(인테리어용품)　◇ 스프린트 넥스텔(이동통신사)

◇ 스타벅스(커피)　　◇ 제일스(보석)

우리나라도 1997년에 외환 위기로 경제가 어려워 많은 기업이 줄줄이 도산하는 아픔을 겪었습니다. 한보철강을 비롯해 삼미·진로·기아·해태·뉴코아·쌍용·동아·우성·벽산·나산 등 이름만 들으면 누구나 알 수 있는 주요 그룹이 그룹 해체나 매각을 통해 무너졌어요. 무엇보다 대우그룹이 뿔뿔이 해체된 것은 큰 충격이었어요. 금융권도 구조조정을 비켜갈 수 없었는데, 제일은행과 외환은행이 외국 자본에 팔렸습니다. 또한 조흥은행, 상업은행, 서울은행, LG투자증권, 건설증권 등이 매각되거나 퇴출되었습니다.

그리고 경기 침체기에 미국 사람들은 소비를 줄였는데, 이때 미국 재화뿐 아니라 외국 제품의 수요도 함께 줄였어요. 가령 미국인들은 외제 자동차를 많이 사는데 특히 일본의 도요타, 혼다 자동차를 주로 삽니다. 그러나 사람들이 소비를 줄이자 2008년 11월에 도요타는 수십 년 만에 판매율이 가장 낮았다고 보고했어요. 심지어 다음 달에는 70년 만에 처음으로 운영 적자를 기록했지요.

⚡ 경기 침체란?

사람들이 소비를 줄이면 경기 침체가 발생합니다. 상품의 수요가 줄 어든다는 것인데, 수요란 소비자가 구매할 의사와 능력이 있는 재화의 수량을 말한다고 했어요. 상품의 수요가 감소하면 기업은 공급을 줄여 야만 하고 결국 전체 경제 활동은 위축됩니다.

미국 디트로이트에 위 치한 자동차 회사 제너 럴모터스(GM)는 2009 년에 파산 위기를 겪었 으나 공적 자금이 투입 되면서 현재는 회생에 성공했습니다. 그러나 당시 GM 파산 위기의 여파는 세계 곳곳에 미 쳤지요.

🌀 국내 총생산(GDP)의 감소

경기 침체란 경제 활동의 둔화가 지속되는 상태입니다. 이 시기에는 국내 총생산이 떨어지는데, 여기에는 많은 이유가 있습니다.

국내 총생산을 이루는 요소 중 불경기에 가장 크게 감소하는 항목이 **내구재** 소비입니다. 내구재란 건물이나 자동차, 가구처럼 수명이 긴 재화를 뜻합니다. 2008년에 시작된 세계적인 경기 침체기에 사람들은 소비, 특히 내구재 소비를 줄였어요. 사람들이 소비를 줄일수록 불경기는 더 심해졌지요.

국내 총생산을 이루는 요소들이 감소하면 덩달아 국내 총생산도 줄어듭니다. 기업이 투자를 멈추거나, 국가 전체적으로 수출이 줄고 수입이 늘면 국내 총생산이 감소하지요. 정부 지출이 줄어도 국내 총생산이 떨어집니다.

🌀 경기 침체 판단하기

경제학자들은 분기(1년을 4등분 한 3개월씩의 기간)별로 국내 총생산을 측정합니다. 그리고 경제가 성장하고 있는지 침체되고 있는지 알기 위해 한 분기와 다음 분기의 국내 총생산이 얼마만큼 차이 나는지 조사합니다. 대체로 실질 국내 총생산이 두 분기(6개월) 동안 떨어지면 경기 침체가 발생한다고 합니다. 실질 국내 총생산이란 가격 변동의 영향을 배제하고 그 경제에서 생산된 재화와 서비스의 총량을 파악하려는 목적으로, 기준 시점의 가격인 불변 가격으로 평가한 국내 총생산을 말합니다. 또한 실업률처럼 다른 경제 지표를 이용해서 경기 침체를 판단하기도 합니다.

경기 침체 경험하기

여러분이 잔디를 깎는 아르바이트를 한다고 가정해 봅시다. 경기가 좋을 때 이웃 사람들은 지갑이 넉넉해 여러분을 고용해 잔디를 깎게 합니다. 여러분은 그 대가로 한 달에 총 15만 원을 받아요. 여러분은 받은 돈을 주로 저축하지만, 한 달에 3만 원어치는 슈퍼에서 간식을 사 먹는 데 써요. 여러분이 물건을 사 주니 슈퍼는 수익을 얻지요.

그런데 불경기가 닥쳤습니다. 일자리를 잃은 이웃은 이제 여러분에게 급여를 지불할 수 없기 때문에 스스로 잔디를 깎습니다. 나머지 이웃도 일자리를 잃을 수 있다는 두려움에 잔디 깎는 시기를 미루고 돈을 저축합니다. 이제 여러분은 한 달에 10만 원으로 수입이 줄었어요. 여러분은 쓸 돈이 부족해지자 슈퍼에서 간식을 사는 것을 그만 두었어요. 대신에 언제 경제가 좋아질지 몰라서 가진 돈 전부를 저축하기로 합니다.

이렇게 불경기 때문에 여러분이 취한 행동이 국내 총생산의 감소로 이어집니다. 우선 여러분의 일감이 줄어 국내 총생산도 5만 원(15만 원-10만 원) 감소했고, 여러분이 간식을 사지 않으니 간식비 3만 원만큼 국내 총생산이 다시 감소했어요. 이 예를 통해 불경기 때에 경제적 어려움이 어떻게 사회에 번져 가는지 알 수 있어요. 여러분이 간식을 사 먹던 가게의 주인은 수입이 줄어 자신 또한 소비를 줄일 것이기 때문입니다. 이러한 개인의 행위들이 모여 경제 전반에 영향을 주지요.

⚡ 공포와 어둠

경기 침체기에는 온갖 매체가 경제 성장률, 실업률을 비롯한 각종 통계를 근거로 경기 침체 소식을 알리기에 분주합니다. 그 결과 개인도 기업도 두려움에 휩싸여 활동이 위축됩니다. 경제계를 넘어서 사회 전체의 분위기가 어두워지지요.

💵 수출의 감소

2003년부터 2007년까지 중국의 경제는 매년 약 10퍼센트씩 성장했습니다. 2008년 중국의 경제 성장률은 9퍼센트를 기록했어요. 그러나 2009년 1월부터 3월까지는 성장률이 6.1퍼센트로 감소했어요. 2009년 3월에 중국의 수출량이 전보다 17퍼센트 떨어졌기 때문이에요.

이렇게 수출이 감소하자 기업의 재화와 서비스의 판매량이 줄어들었지요. 매출이 감소한 기업은 비용을 절감해야만 했습니다. 이때 수많은 직원이 일자리를 잃으면서 중국의 실업률이 증가했습니다.

⚡ 취업 시장

경기 침체기에는 직장을 잃는 사람이 많아 실업률이 증가한다고 하였지요. 봉급이 없어지니 사람들은 지출을 감당하기 어렵습니다. 그래서 사람들은 원하긴 하지만 꼭 필요하지는 않은 재화나 서비스(새 차나 유흥거리)의 소비를 줄입니다.

이렇게 판매가 감소하니 기업은 생산을 줄이거나 문을 닫고, 결과적으로 사람들이 새 일자리를 얻기가 더 힘들어집니다. 실직한 사람이 많아질수록 기업의 생산품에 대한 수요는 줄어들고, 그래서 기업은 비용을 절감하려고 직원을 더 내보냅니다. 실직자가 계속 늘어나면서 한정된 직장에 대한 경쟁이 치열해지지요. 이처럼 악순환이 반복되며 불황이 심화되기도 합니다.

〽️ 주식 시장

경기 침체기에는 주가도 떨어집니다. 재화나 서비스와 마찬가지로 주가도 수요와 공급에 의해 결정됩니다. 사람들이 투자할 돈이 없고 기

대체 나랑 무슨 상관이지?

❝ 실업 문제에 대처하기 ❞

얼마 전 미국에서 시작된 경기 침체기에 미시간 주에 있는 세계적인 자동차 회사인 크라이슬러와 제너럴모터스가 타격을 입었습니다. 자동차 판매량이 떨어졌고 곧 회사 운영 비용도 감당하기 힘겨워졌어요.

회사의 직원들도 자연히 위기의 영향을 받았습니다. 2000년 8월에 미시간 주의 실업자 수는 약 20만 명이었어요. 그런데 2009년 9월에 실직자 수는 세 배를 넘어서 거의 70만 명에 이르렀습니다. 해고된 직원들에게는 가족이 있었어요. 어떤 이들은 일할 곳을 찾아 미시간 주를 떠났어요.

만약에 여러분의 부모님이 직장을 잃는다면 어떨 것 같나요? 가족의 소비 습관에 변화가 생길까요? 여러분이 집과 학교, 친구들을 떠나야 한다면 어떨까요? 실업 문제에 대처한다는 것은 가족 구성원 전부가 욕구를 참으며 소비를 줄이고 많은 부분을 희생해야 하는 매우 힘든 일입니다.

업의 장래를 믿지 못하면 주식 투자의 수요가 줍니다. 결국 주식의 가격은 떨어지지요.

주식은 위험한 투자 방법이라 할 수 있어요. 경기가 침체되면 많은 회사에서 수익이 줄고, 어떤 회사는 부도를 맞기도 해요. 이 말은 투자자들이 돈을 벌 기회가 적어진다는 뜻이에요. 장래가 불분명한 회사가 많아지면 주가는 더욱 떨어집니다.

주식 시장에서 거래하는 사람들은 주가가 급격히 오르고 급격히 떨어지는 드라마를 경험하곤 합니다.

때때로 주식 시장이 먼저 폭락하고, 이어서 경기 침체가 발생하는 경우가 있습니다. 가장 대표적으로 1929년 10월에 뉴욕 증권 시장에서 일어난 일련의 주가 대폭락 사건(일명 '검은 목요일')을 들 수 있어요. 고공 행진을 계속하던 주가가 이틀 만에 25퍼센트나 폭락했는데, 이후에도 주가가 계속 떨어져서 결국 미국을 비롯한 전 세계는 경제 대공황(56쪽 참고)에 빠지고 말았습니다.

최근에는 2008년에 금융 위기를 맞으면서 세계적으로 주식 시장이 폭락한 바 있습니다.

🎵 신용 대출 시장

경제에서 신용이란 거래한 재화의 대가를 앞으로 치를 수 있는지, 즉 부채 상환 능력 또는 지급 능력을 뜻합니다. **신용 대출 시장**은 돈을 빌리고 빌려 주는 사람들로 구성됩니다. 돈을 빌려 주는 사람은 돌려받을 것을 기대하고 대출을 제공합니다. 그런데 돈을 빌린 사람이 부채를 갚지 못하면 돈을 빌려 준 사람은 대출금을 잃게 되어 다른 사람에게 빌려줄 돈이 부족해집니다. 결국 신용 시장은 대출에 대하여 보다 엄격해지고 이로 인해 소비가 줄어들고 경기 침체가 악화됩니다.

🎵 경기 침체 벗어나기

정부와 중앙은행은 경기 침체 기간을 단축하고 침체의 악영향을 줄이기 위해 여러모로 노력합니다. 사람들의 소비를 늘리고 기업의 고용을 장려한다는 공통의 목표를 세우고 말이지요.

▶▶▶ 세금 낮추기

정부는 사람들의 손에 돈을 더 쥐어 줌으로써 소비를 북돋울 수 있어요. 한 가지 방법은 세금을 낮추는 것입니다. 세금이란 국가 또는 지방 공공 단체가 필요한 경비로 사용하기 위하여 국민이나 주민으로부터 거두어들이는 돈이에요. 세금이 낮아지면 사람들은 그만큼 물건을 사는 데 돈을 쓸 수 있겠지요.

2009년에 각국 정부는 경제 성장을 장려하기 위해 세금을 낮추었습니다. 미국 정부는 세금 환급을 해 주느라 국가 부채가 800억 달러 늘어낮지만, 그에 비해 소비는 200억 달러 정도밖에 증가하지 않았어요. 환급받은 돈을 소비하지 않고 저축하거나 다른 비용을 치르는 데 쓰는 사람들이 많았기 때문이지요. 그래서 이 세금 환급은 경제 활동을 변화시키는 데 별로 효과가 없었어요. 영국 정부는 부가가치세의 세율을 기존 17.5퍼센트에서 15퍼센트까지 일시적으로 인하했습니다. 부가가치세(VAT: Value Added Tax)는 재화나 서비스를 구매할 때 공급가액에 더해 지불하는 세금으로 일반소비세에 속합니다.

세금의 종류

소득세	소득(직장에서 번 수입과 투자한 데에서 얻은 수입)에 매기는 세금
재산세	일정한 재산(토지, 주택, 건축물 등)에 부과하는 세금
소비세	재화의 소비 또는 화폐의 지출로써 세금을 낼 수 있는 능력을 인정하여 과세하는 조세(부가가치세가 대표적)
상속세	사망에 의하여 무상으로 이전되는 재산에 대하여 부과하는 조세

경제 침체기에 정부는 가능한 한 많은 돈이 유통될 수 있도록 노력합니다. 예를 들어 영국 정부가 2008년부터 2009년까지 이용한 방법으로 양적 완화가 있습니다.

▶▶▶ 지출 늘리기

정부는 경기 침체를 극복하기 위해 지출을 늘리는 방법도 씁니다. 실업 급여를 비롯한 사회 보험 및 여러 가지 프로그램을 확대하여 일자리를 잃은 사람들을 돕습니다. 또한 정부는 도로나 다리를 건설하는 현장에 사람들을 투입하는 사업을 벌이기도 해요. 이렇게 해서 근로자들이 돈을 벌면 소비할 여유가 생기고, 그 결과 경제는 활성화될 수 있어요. (정부 사업에 필요한 돈은 정부 **채권**을 팔아서 충당합니다. 주로 안전한 투자 방법을 선호하는 국내외 투자자들이 정부 채권을 구매하지요.)

2009년에 각국 정부는 경제를 살리기 위해 막대한 금액을 투자했습니다. 중국은 4조 위안(약 737조 4천억 원)을 지출했고, 스페인은 공공 일자리 프로그램에만 국내 총생산의 8퍼센트가 넘는 돈을 썼습니다. 이 돈은 거의 정부가 빚을 내서 마련한 돈이며, 많은 나라에서 정부 부채는 심각한 문제입니다. 1988년에 미국 정부의 부채는 국내 총생산의 절반 가량이었어요. 그러나 2011년에는 정부 빚이 국내 총생산의 약 100퍼센트에 육박하기에 이르렀습니다. 미국 정부가 2011년에 미국에서 올린 총소득만큼 빚을 졌다는 의미이지요. 반면 2011년, 우리나라의 국내 총생산 대비 정부 부채 비율은 33퍼센트로 경제협력개발기구(OECD) 평균보다 낮습니다. 그러나 정부 부채가 증가하는 속도가 OECD 국가 중 가장 높아 안심할 수 없습니다.

🔴 정부 부채

여러분은 경제가 성장할 때까지 정부가 계속 세금을 줄이거나 지출

을 늘리면 되는데 왜 그렇게 하지 않는지 궁금할 것입니다. 그 이유는
이 방법들이 정부가 가진 자금을 감소시키기 때문이에요. 세금을 줄이
면 세수가 줄어듭니다. 또 지출을 늘리면서 지출액이 수입을 초과한다
면 정부는 부채를 질 수밖에 없지요.

🖼️ 절약의 역설

 돈을 절약하고 저축하는 것은 좋은 일입니다. 하지만 경기 침체기에 모
든 사람이 저축을 한다면 문제가 생길 수도 있어요.
 경제를 침체에서 끌어내는 주효한 방법은 개인의 소비를 장려하는 것
입니다. 즉 사람들이 재화와 서비스를 많이 구입하도록 해야 하지요. 그
런데 사람들이 돈을 쓰지 않고 저축만 하여 시중에 돈이 돌지 않으면 경
제는 더 나빠집니다. 수입이 감소한 기업이 비용 부담을 견디기 위하여
직원을 해고하기에 이르기 때문이에요. 사람들은 돈을 아껴 저축을 하
는 것이 현명하다고 생각했지만 그로 인해 일자리를 잃게 될 줄은 몰랐지
요. 이 이상한 현실을 '절약의 역설'이라고 하며, 경제학자 케인스(Keynes,
J.M.)가 제시하였습니다. (이 역설은 저축이 증가하는 반면 투자는 그대로 있다
는 가정을 전제로 합니다.)

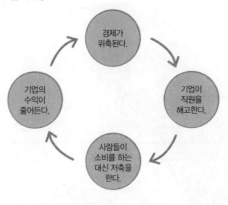

경제가
위축된다.

기업이
직원을
해고한다.

사람들이
소비를 하는
대신 저축을
한다.

기업의
수익이
줄어든다.

🔋 중앙은행과 이자율 낮추기

정부만이 나라를 경기 침체의 늪에서 구할 수 있는 유일한 곳은 아닙니다. 중앙은행 또한 사람들이 저축보다 소비를 하도록 장려하는 조치

💵 금리 떨어뜨려 침체기 벗어나기

최근의 세계적인 금융 위기를 맞아, 각국 중앙은행은 이자율을 낮춤으로써 경기 침체의 영향을 줄이려고 노력했어요. 2009년 영국은행은 기준금리(금리체계의 기준이 되는 중심금리)를 0.5퍼센트까지 낮추었는데, 이는 300여 년의 영국은행 역사상 가장 낮은 수치였습니다. 다른 나라의 중앙은행들도 기준금리를 낮추어 소비와 투자를 장려하고자 했어요.

2008년 후반에 미국의 중앙은행인 연방준비은행은 기준금리를 1퍼센트로 떨어뜨렸습니다. 그해 말에는 0에서 0.25퍼센트 사이로 금리를 더욱 떨어뜨렸어요. 즉, 2009년에 미국에서 1천 달러를 대출했을 때 연간 이자가 2.5달러도 채 되지 않았어요. 2007년에 같은 금액을 대출했을 때는 연간 이자가 52.5달러였는데 말이지요.

최근의 침체기에 많은 자동차 회사는 자동차 할부 이자율을 낮추고, 거래 가격을 합리적으로 조정하고, 할인을 큰 폭으로 하는 등 소비자의 이목을 끌기 위해 노력했습니다.

를 취하면서 제 역할을 합니다.

중앙은행은 이자율에 영향을 주어 사람들이 소비를 하도록 돕는다고 하였습니다. 이자율이 낮으면 개인과 기업이 돈을 빌리기 쉬워집니다. 일반 은행 역시 이자율이 낮을 때 중앙은행으로부터 돈을 쉽게 빌릴 수 있어요.

돈을 빌리고 빌려 주는 자들이 모여 신용 대출 시장을 구성한다고 했습니다. 이자율이 낮으면 돈이 은행에서 개인이나 기업에 흘러가는 속도가 빨라지고, 이는 경제가 개선되는 신호로 볼 수 있어요.

⚡ 분수에 넘치는 소비

낮은 이자율이 경제에 긍정적인 영향을 미치는 한편으로 문제를 일으키기도 합니다. 이자율이 낮으면 사람들이 분에 넘치는 소비를 하기도 해요. 때로 사람들은 돈을 어떻게 갚을 것인지 계획도 세우지 않고 무

실업이냐 인플레이션이냐

어떤 경제학자들은 실업을 감소시키기 위한 조치가 물가 상승을 부채질할 수 있다고 주장합니다. 반면 이 상관관계가 항상 일어나지는 않는다고 주장하는 측도 있어요. 하지만 중앙은행이 경기 침체를 해소하려고 이자율을 낮추면 물가 상승이 동반될 가능성이 있는 것이 사실이에요. 2008년의 금융 위기 때 많은 나라에서 이자율을 낮추자, 독일 총리 앙겔라 메르켈을 비롯한 많은 이들이 이 조치가 인플레이션을 야기할 것이라고 경고했습니다.

작정 돈을 빌립니다. 결국 이들은 빚을 갚을 수 없는 지경에 놓이지요.

2000년대에 들어서 현재까지는 이자율이 낮아 많은 사람들이 신용 카드로 단용재를 구입했어요. 단용재란 식료품이나 담배처럼 한 번 사용하면 소멸되어 버리는 재화를 말해요. 사람들은 감당할 수 없을 만큼 소비를 했어요. 결국 과도한 신용 카드 빚을 지고 **채무 불이행**에 빠지는 사람들이 늘어났지요. 금융 전문가들은 이렇게 무분별한 소비로 신용 카드 빚을 만들어선 안 된다고 당부합니다.

⚡ 지나친 위험 부담

이자율이 낮으면 은행 또한 위험도가 높은 대출을 제공하기 십상입니다. 앞서 보았듯이 중앙은행은 이자율을 낮추는 동시에 통화 공급량을 늘립니다. 그래서 일반 은행들도 통화 보유량이 많아져, 이 여윳돈을 개인과 기업에 대출을 더 많이 제공하는 데 써요. 은행은 대출 이자 수익으로 이윤을 남기기 때문이지요. 이때 욕심이 생긴 은행들이 되돌려 받지 못할 위험이 큰 대출을 만들어 무리하게 운영하는 일이 종종 발생합니다.

5. 공황과 대공황

미국의 해리 트루먼 대통령은 "**불황**은 당신의 이웃이 일자리를 잃는 것이고, **공황**은 당신이 일자리를 잃는 것이다."라고 불황과 공황을 간단하게 정의한 바 있습니다. 정확히 들어맞지는 않지만, 과연 어떤 상황을 공황이라 부를까요?

공황이란 불황이 악화된 상황으로 한 국가 경제의 엄청난 침체를 말합니다. 경기가 침체되었을 때와 같은 문제들이 발생하지만 정도는 더욱 심각해요. 또한 공황기에는 모든 경제적인 문제가 불황 때에 비해 오래 지속되지요.

우선 국내 총생산이 10퍼센트 이상으로 크게 떨어집니다. 당연히 실업률도 높아요. 많은 이들이 해고를 당하니 소비자 지출이 줄어들 수밖에 없지요. 이로 인해 기업은 판매가 감소해서 생산을 줄여야 해요.

생산이 감소하면 회사에 많은 직원이 필요하지 않으므로 다시 직원을 해고하고, 이런 식으로 실업률은 계속 오릅니다. 기업의 실적이 형

편없고 경제에 대한 불신이 확산되기 때문에 주가도 폭락합니다. 주요 주가가 떨어지면서 주식 시장이 붕괴하지요.

기업은 지출을 감당할 정도로 수익을 내지 못하면 결국 파산 신청을 합니다. 기업이 문을 닫으면 많은 이들이 일자리를 잃어요. 그러면 소비가 줄어들고 국내 총생산이 낮아지고 경제에 대한 소비자의 신뢰도 떨어져요. 곧 기본적인 필요를 충족하기 위한 재화와 서비스의 이용도 어려운 지경에 처하고 맙니다.

📈 경제 대공황

1920년대에는 미국을 비롯해서 많은 나라가 경제 성장을 이루었습니다. 기업은 큰 이윤을 남기며 성장했고, 기업에 투자한 사람들도 많은 돈을 벌며 높아진 생활 수준을 즐겼어요. (그렇지만 일반 노동자와 농부의

2007년 이후, 아래 사진처럼 고도로 숙련된 근로자들이 해고되는 경우가 많아졌어요. 경기 침체가 계속되고 실업률이 늘어나면서 사람들은 또 다른 공황이 올까 봐 우려했어요. 다행히도 경기 침체가 공황 상태로까지 번지지는 않았습니다.

일본의 잃어버린 10년

　제2차 세계대전 이후, 대부분의 산업 국가는 불황을 겪은 적은 있지만 공황을 겪지는 않았습니다. 일본을 예외로 한다면 말이지요. 1989년부터 1998년까지 일본은 소위 '잃어버린 10년'을 경험했어요. 일부 전문가들은 일본 경제의 추락이, 국내 총생산이 10퍼센트 이상 하락하지는 않았어도 공황 상태에 가까웠다고 지적합니다.

　1980년대에 일본은 주택과 주식 등의 **자산**이 과대평가되고 이자율이 낮아서 경기 호황을 누렸어요. 일본의 중앙은행인 일본은행이 기준금리를 낮게 책정하였기에 빌릴 수 있는 통화량이 넉넉했고 대출 비용도 쌌지요. 덕분에 개인과 기업은 더 많은 돈을 빌렸는데, 이는 결국 위험한 투자를 불러왔습니다.

　그러자 1989년에 일본은행은 기준금리를 인상했습니다. 따라서 대출 비용이 비싸지고 시중에 빌릴 수 있는 통화량도 감소하였지요. 과대평가된 자산의 가격 또한 **거품**이 빠졌어요. 1990년부터 1994년까지 일본 주식 시장은 60퍼센트가량 폭락했고, 부동산 가치도 70퍼센트나 떨어졌어요.

　사람들의 자산 투자를 떠받치던 은행은 큰 피해를 입었습니다. 대출해 간 사람들이 채무를 갚지 못했기 때문이에요. 어려움에 빠진 은행은 대출 자금을 줄였고, 개인과 기업은 돈을 빌리기 어려워졌어요.

　개인과 기업이 지출을 줄이자 소비와 투자가 모두 감소했습니다. 1997년에 일본 정부는 재정 적자를 메우기 위해 소비세를 3퍼센트에서 5퍼센트로 인상했어요. 그러자 소비는 더욱 떨어지고 경기는 급속도로 냉각되고 말았지요.

　'잃어버린 10년' 동안 일본 경제는 성장 없이 침체되었어요. 1980년대에 일본 경제는 연평균 성장률 4퍼센트를 기록했어요. 그러나 1990년대에는 연평균 성장률이 1퍼센트대로 곤두박질쳤지요. 소비자 지출, 제품 판매량, 사업 투자, 주식 가격의 모든 부문에서 수치가 하락하며 경기 침체는 10년 간 지속되었습니다.

생활 수준은 크게 변하지 않았답니다.)

하지만 좋은 시절이 끝나자 모든 것이 무너져 내렸습니다. 뒤따른 세계적인 불경기로 전 세계의 경제가 황폐화되었어요. 어떤 일이 일어났는지 살펴봅시다.

▶▶▶ 미국

1929년 10월에 미국의 주식 시장이 붕괴하자 수백만 명의 사람들이 돈을 잃었어요. 사람들의 소비가 줄어들었고, 회사는 생산량을 줄이고 직원을 해고했지요. 따라서 실업률이 증가했으며 은행 빚을 갚지 못하는 사람들이 속출하니 은행도 폐업하기에 이르렀어요. 1933년에 국내 총생산은 30퍼센트가량 떨어졌고, 실업률은 25퍼센트까지 치솟았습니다.

▶▶▶ 캐나다

캐나다의 기업들도 수익이 줄어 휘청거리기 시작합니다. 1933년에 실업률은 27퍼센트에 이르렀는데, 즉 캐나다 국민 3백만 명이 실업 상태였다는 말입니다. 소비자 지출이 감소했고 수출도 반으로 뚝 떨어졌어요. 1929년에서 1933년 사이에 캐나다의 국내 총생산은 43퍼센트가량 감소했습니다.

▶▶▶ 영국

1930년 초반부터 재화와 서비스의 생산량이 급감하면서 영국 경제는 심각한 불황 속으로 빠져들어 갔습니다. 몇몇 지역은 다른 곳보다도 특히 타격이 심했어요. 예를 들어 글래스고에서는 실업자 비중이 30퍼센트였는데 비해, 뉴캐슬에서는 지역 주민의 70퍼센트가 실업자였어요.

▶▶▶ 독일

독일은 유럽 국가들 중에서도 가장 타격이 컸어요. 1923년에 초 인플레이션을 겪은 뒤, 독일은 경제를 회복시키려고 온갖 노력을 기울였어요. 하지만 세계적인 경제 대공황으로 인해 다시금 위기를 맞았습니다. 역사학자들은 1930년대에 아돌프 히틀러가 권력을 잡을 수 있었던 배경에는 독일의 심각한 경제난이 있다고 분석합니다.

▶▶▶ 다른 나라들

라틴 아메리카 국가들도 경제 공황을 겪었습니다. 일본 역시 1930년에 공황 상태로 들어갔어요. 그러나 일본은 미국, 캐나다, 유럽에 비하면 상황이 나았습니다.

🔊 은행의 도산

경제 공황기에 사람들은 은행에서 빌린 돈을 갚기 어려워졌어요. 은행도 돈을 돌려받지 못할까 봐 대출해 주기를 꺼렸을 뿐더러 추가로 대출해 줄 자금도 부족했어요. 은행은 현금이 필요해지자 돈을 빌려 간 사람들에게 대출금을 갚으라고 요구했습니다. 그러나 사람들은 갚을 돈이 없었고, 결국 은행은 파산했습니다.

이렇게 은행이 문을 닫자 은행에 **예금**했던 사람들이 돈을 잃고 말았어요. 재산을 잃은 사람들은 음식과 같이 기본적인 생활필수품을 살 돈도 부족했습니다. 실직자, 도산한 은행, 그 예금주(해당 예금 계좌의 주인이 되는 사람)들은 어떠한 도움도 받지 못했어요. 개인도 기업도, 이 힘든 시기를 거치기 위해 필요한 대출을 얻을 수 없었지요.

또한 은행이 도산하는 것을 목격한 사람들은 이제 은행이 문을 닫아 자신의 예금을 잃을 수도 있다고 걱정했습니다. 은행 시스템에 대한 신뢰를 잃은 것이지요. 그래서 사람들은 서둘러 예금을 찾기 시작했어요. 이를 '뱅크런(Bank Run, 은행의 대규모 예금 인출 사태)'이라 합니다. 은행은 사람들이 맡긴 돈을 상당 부분 다른 대출에 제공하고 있어서, 이렇게 사람들이 한꺼번에 돈을 찾으려 하면 현금이 바닥나고 맙니다.

뱅크런이 발생한 현장입니다. 이런 사태를 예방하기 위해 예금 보험 제도가 마련되었어요.

❛ 예금 보험 ❜

　오늘날 많은 나라에서 예금 보험 제도가 실시됩니다. 예금 보험은 은행 등 금융 기관에 돈을 맡긴 사람들을 보호하려고 만든 제도입니다. 예금 보험 덕분에 설사 은행이 파산한다 해도 사람들은 예금액 전부를 잃지는 않아요. 따라서 사람들은 은행에 돈을 맡기는 것이 안전하다고 느끼고, 이는 금융 제도 안정화에 도움이 됩니다.

　대부분의 금융 기관이 이 보험에 가입해 있어요. 여러분이 은행에 계좌를 개설한다면, 그 은행이 예금 보험에 가입해 있는지와 해당 상품이 보호되는 '예금'에 속하는지 확인해 보세요. 은행이 파산할 경우에 여러분의 예금이 안전하게 보호될지 미리 알아두어야 합니다. 또한 최대한 얼마까지 보호될 수 있는지도 알 수 있어요. 가령 우리나라는 예금자 보호법에 의거해 예금 보험 사고가 났을 때 원금과 이자를 포함해서 금융 기관별로 1인당 최대 5천만 원까지 보장해 줍니다.

6. 신용 순환

경제 주기를 구성하는 데엔 돈을 빌리고 빌려 주는 신용의 흐름이 큰 역할을 합니다.

여러분의 미래를 한번 그려 봅시다. 여러분은 새 자동차를 구입하고 싶지만 살 돈이 부족해요. 하지만 여러분은 "괜찮아, 돈을 빌리면 돼."라며 걱정하지 않습니다. 그러고는 은행 등 금융 기관에 가서 대출을 받아요. 이러한 신용 거래 덕분에 여러분은 곧 새 차를 타고 도로 위를 내달릴 수 있어요.

🎚신용 시장

신용 시장은 돈을 빌려 준 사람(채권자)과 돈을 빌린 사람(채무자)으로 구성됩니다. 개인, 은행 그리고 정부는 모두 돈을 빌리거나 빌려 줌으로써 채무자가 될 수도, 채권자가 될 수도 있어요. 위의 예처럼 돈을 빌려 차를 사는 경우, 여러분은 채무자가 되고 은행은 채권자가 되지요.

그런데 누군가가 은행에 돈을 저축하는 것이 여러분이 은행에서 대출을 받는 것과 무슨 연관이 있을까요? 은행은 여러분 말고도 많은 사람에게 돈을 빌려 주는데 대체 어디서 이윤을 얻을까요? 이 모든 것은 '신용 순환'에 연결됩니다. 신용 순환의 과정을 살펴봅시다.

1. 사람들이 금융 기관에 예금을 합니다.
2. 금융 기관은 개인이나 기업에 대출을 제공합니다.
3. 기업은 빌린 돈으로 재화와 서비스를 생산합니다.

🗲 예금하기

은행에서 신용 순환이 시작됩니다. 은행이 예금이라는 자금을 얻어야 신용 순환이 시작되고 제 역할을 할 수 있어요. 여러분이 은행 계좌를 만들어 돈을 넣으면 그것이 바로 예금이에요. 은행은 예금한 사람들에게 이자를 대가로 제공합니다.

사람들이 이용하는 신용 카드도 은행 대출의 일종입니다.

🗲 대출하기

신용 순환의 다음 단계로, 은행은 이 예금을 대출하는 데 사용합니다. 이를테면 여러분의 자동차 구매 비용을 빌려 주거나 신용 카드를 발급해 주는 것이지요.

은행은 사람들에게 돈을 빌려 주면서 이자를 대가로 붙이는데, 이 이자로 수익을 냅니다. 다시 말해, 예금주에게 줘야 하는 이자보다 대출해 준 사람에게 받을 이자를 높게 책정함으로써 그 차액으로 돈을 벌어요. 이것이 은행이 이윤을 얻는 방법입니다. 그러니 은행이 대출을 많이 제공할수록 돈도 많이 벌겠지요.

그런데 은행은 돈을 빌려 주는 입장에만 서지는 않아요. 은행도 다른 은행이나 중앙은행으로부터 돈을 빌립니다. 은행 내의 자금을 충분히 확보하거나 대출을 더 많이 제공하려는 목적에서지요. 은행 역시 어딘가에서 돈을 빌리면 당연히 이자를 지불해야 합니다.

🔩 제품 생산하기

일단 돈을 빌리고 나면 개인과 기업은 그 돈을 소비합니다. 기업은 공장을 짓고 시설을 갖추는 비용으로 대출금을 사용합니다. 한편 기업

💵 이자의 힘

이자 덕분에 신용 순환이 이루어집니다. 사람들이 은행에 돈을 맡기면 이자가 붙기 때문에 그만큼 계좌 잔고가 늘어나요. 은행은 사람들이 맡긴 돈으로 대출을 해 주고 대출 이자를 받는데, 이 이자가 은행 이윤의 원천이에요. 은행은 대출 이자로 번 돈과 사람들의 계좌에 있는 돈으로 더 많은 대출을 제공합니다. 신용은 이런 식으로 순환하지요.

은 주식과 채권을 발행해서 자본금을 모을 수도 있어요(아래 박스를 보세요). 기업이 어떻게 자본금을 마련하든 간에 기업은 이 돈으로 성장해 갈 수 있습니다. 결국 신용 순환의 마지막 단계로 이어집니다. 기업이 활발히 제품을 생산하는 것이지요.

기업이 성공적으로 운영되고 경제가 건강할 때, 개인이나 기업은 여유 자금이 충분해집니다. 사람들이 이 돈을 은행에 예금함으로써 신용을 다시 순환시킬 수 있습니다.

🔋 신용 순환이 어떻게 이루어지는가

사람들이 예금을 하면 이를 바탕으로 은행이 대출을 제공하고, 기업은 대출받은 자금으로 생산 활동을 합니다. 이것이 신용 순환이 이루어지는 과정이에요. 신용 순환이 원활하게 이루어져야 자본이 교환되고

🏦 주식과 채권

기업은 자본금을 마련할 때 주로 대출을 받지만 주식과 채권을 발행하기도 합니다. 주식의 경우, 기업에 이윤이 발생했다면 주주(주식을 가지고 직접 또는 간접으로 회사 경영에 참여하고 있는 개인이나 법인)들에게 이윤의 일부분으로 배당금을 지급해야 합니다. 이윤이 클수록 배당금도 커지겠지요. 반대로 기업이 수익을 올리지 못하거나 오히려 경영 손실을 입었다면 배당금을 지급하지 않아도 됩니다. 한편 채권의 경우, 기업은 수익을 올리든 손해를 보든 상관없이 채권을 산 사람들에게 고정 이자를 지급해야 합니다.

경제가 확장할 수 있어요. 아래의 도표는 경제 호황기에 신용이 순환하는 모습을 보여 줍니다.

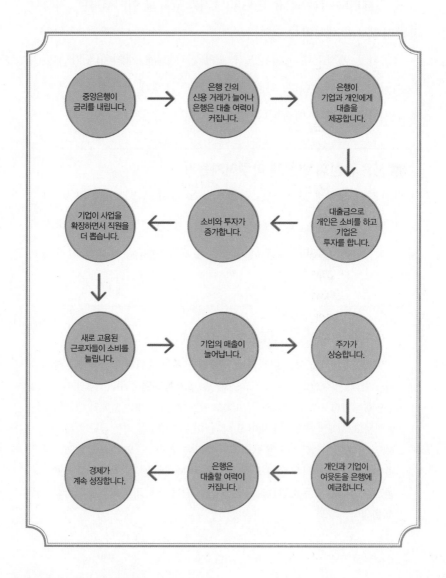

하지만 신용 순환이 원활하지 못할 때도 있어요. 대출이 순조로울 때 경제 성장이 속도가 붙는 반면 대출이 까다로워지면 경제 성장이 더디어집니다. 아래의 도표는 경제 침체기에 신용 순환이 어떻게 이루어지는지 보여 줍니다.

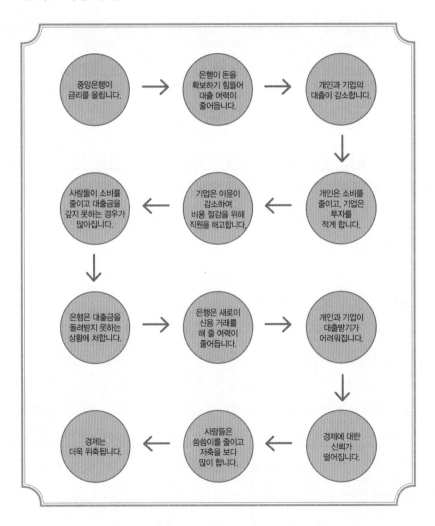

7. 호황과 위기

신용 순환이 원활할 때, 사람들은 종종 돈을 많이 불리기 위한 투자처를 찾습니다. 은행에 예금을 하기보다는 더 높은 수익을 낼 수 있는 데 투자하려고 하지요. 하지만 이 투자법은 현명하지 못하거나 위험할 수 있어요.

🎢 투기 거품

때로 사람들은 뜨거운 화제가 되고 있는 투자처에 몰립니다. 설령 그 투자 상품의 가격이 하늘로 치솟고 있다 해도 말이지요. 이때 **투기** 거품이 형성될 수 있어요. 상품의 가치가 계속 오르리라고 생각하지만 그에 대한 정확한 정보는 없을 때 투기가 발생합니다. 상품의 가치가 원래의 정상적인 가치보다 무척이나 커진다면 어떤 시장에서도 거품이 생길 수 있어요. 즉 투기로 인해 상품이 과대평가되면 투기 거품이 일어난 것이랍니다.

⚡ 거품은 왜 생기나?

투기 거품이 형성될 때 공통적으로 볼 수 있는 현상이 있습니다. 우선 신용 대출이 쉬우면 사람들의 투자 심리가 강해집니다. 게다가 어떤 자산에 투자하는 것이 좋다고 알려지면 사람들은 거기에 투자하는 것

💵 튤립 파동

1630년대 네덜란드에서는 '튤립 마니아' 들이 생겨났어요. 스위스의 박물학자인 콘라드 게스너가 현재의 터키 지역으로부터 처음 튤립 구근(알뿌리)을 가져오면서 사건이 시작되었습니다. 곧 튤립은 네덜란드 부자들과 상인들 사이에서 인기를 끌었어요. 튤립 구근의 가치는 날로 높아졌지요. 사람들은 오늘날 주식을 거래하는 것과 같은 방식으로 튤립 구근을 거래했어요. 어떤 때는 튤립 구근 값이 한 달 만에 원래 값보다 20배까지 뛰기도 했답니다. 여러분이 만약 그 당시에 튤립 구근을 10만 원에 샀다면, 한 달 후에 가치가 200만 원까지 올랐다는 말이에요. 희귀 품종의 구근 하나면 암스테르담 최고의 저택을 살 수도 있었답니다! 그러나 튤립 투기 열풍은 몇 년 안 가 막을 내렸고 투기 거품이 꺼지자 네덜란드 경제는 심각한 공황 상태에 빠졌습니다.

투기 거품은 다양한 종목에서 발생할 수 있습니다. 네덜란드의 튤립 거품은 유명했지요.

을 맹신하게 됩니다. 기대와 흥분에 빠진 사람들은 가격이 비정상적으로 높더라도 그 자산에 기꺼이 투자하려 하지요. 계속 가치가 올라갈 것이므로 가격이 높아졌을 때 되팔 수 있다고 생각하면서요. 이러한 행위가 모여 자산의 가격은 더욱 높아집니다.

하지만 결국 거품은 터지지요. 과대평가된 자산의 가치는 떨어지기 마련이므로 그 자산에 투자했던 사람들은 커다란 재정 손실을 입습니다. 사람들의 피해가 너무 커서 그 결과 경제가 침체될 정도에 이를 때도 있어요.

⚡ 역사상 거품 사례

역사를 살펴보면 투기 거품이 일었던 사례가 많이 발견됩니다. 대표적으로 1630년대에 네덜란드에서 발생했던 튤립 파동을 들 수 있어요. 일본에서도 주식과 부동산 값이 비정상적으로 높았다가 거품이 터지면서 1990년대에 경기 침체(잃어버린 10년)를 겪었지요. 또 인터넷 회사 주식의 가격은 2000년에 폭락하기 전까지 고공 행진을 했습니다. 그리고 2000년부터 2006년까지 미국, 영국 등지에서 부동산 가격이 비현실적으로 치솟았어요. 마침내 거품이 터지자 타격이 너무 컸던 나머지 경기 침체가 세계적으로 번졌어요(70-76쪽에서 살펴봅니다). 지금까지 이 나라들은 서서히 경기를 회복하고 있으나, 경기 확장으로 돌아가는 길은 여전히 불확실해 보입니다.

닷컴 거품

1995년부터 2000년까지 인터넷 회사 주식에 거품이 일었습니다. 인터넷을 기반으로 한 회사들의 웹 주소를 따서 '닷컴 거품'이라고도 합니다. 당시에는 너도나도 인터넷 기반 회사를 차려 닷컴 회사가 우후죽순으로 생겼어요. 사람들은 이 새로운 회사들이 아직 수익을 내지 못했는데도 투자를 해 주었어요. 인터넷이 더욱 보편화될 것이므로 인터넷 기반 회사들도 곧 수익이 굉장하리라 기대했기 때문입니다. 닷컴 회사들의 가치가 과대평가되었지만 투자 수요는 여전히 증가했어요.

신문, 잡지, 텔레비전 뉴스 등의 언론이 이 거품을 더욱 부풀렸습니다. 언론이 닷컴 회사가 세상을 변화시키리라고 보도하자 사람들은 닷컴 회사 주가가 비싸도 의심을 품지 않았어요. 또한 언론은 닷컴 회사에 투자한 사람들이 하룻밤에 수백만 달러를 벌고 있다고 보도했어요. 이로 인해 사람들은 더욱 닷컴 주식을 원하게 되었습니다. 머지않아 투자자들이 닷컴 주식에 낀 거품을 알아챘지만 때는 이미 늦었지요.

2000년 1월에 미국에서는 슈퍼볼 경기 기간에 약 20개의 닷컴 회사가 광고 비용으로 각 2백만 달러를 들였어요. 덕분에 닷컴 회사 주식의 가치는 일 년 만에 두 배로 뛰었습니다. 하지만 다음 해에 닷컴 거품이 터지면서 미국 주식 시장의 가치는 두 동강이 났어요. 소규모 닷컴 회사들이 수익을 내지 못하고 대거 문을 닫자 여기에 투자했던 사람들은 투자금을 몽땅 잃었습니다.

우리나라도 유사한 상황을 겪었습니다. 1990년대 말 '벤처 기업'이라는 용어가 등장하면서 벤처 거품이 시작되었어요. 우리나라는 당시 예상하지 못한 외환 위기와 국제통화기금(IMF) 관리 체제, 재벌의 부도와 대량 실업으로 미래에 대한 불안이 가득했습니다. 이때 사람들에게는 인터넷을 비롯한 정보 기술(IT) 산업이 새로운 세상을 여는 것처럼 보였어요. 그래서 많은 사람이 벤처 기업에 뛰어들고 투자했지만, 기술력과 시장성 없이 창업하는 경우가 많았고 '묻지마 투자'가 성행했어요. 갑작스럽게 생겨난 거품은 결국 무너져 내렸지요. 정점을 찍은 주가는 1년도 되지 않아 8분의 1 수준으로 떨어졌고, 수많은 투자자가 큰 손실을 보았습니다. 선망의 대상이던 벤처 기업이 부도 등으로 무너지고 회사 대표가 부정행위로 구속되는 일이 이어지면서 벤처는 한탕주의를 연상시키기 시작해 이후 벤처 토양을 크게 훼손시켰습니다.

🅜 부동산 거품

2001년, 신용 대출이 자유롭고 자산이 과대평가된 덕분에 세계는 경제 호황기를 맞이하였습니다. 과대평가된 자산으로는 부동산이 대표적이에요. 주택의 가격과 수요는 몇 년 동안 오름세를 지속했어요. 사람들은 오른 집값을 담보로 돈을 빌렸는데, 이자율이 낮아 대출이 더욱 손쉬웠습니다.

▶▶▶ 급등한 집값

부동산 거품 시기에 미국과 영국의 집값이 급등했습니다. 영국의 집값은 1996년 이래로 10년 간 쉼 없이 올랐습니다. 2001년부터 2006년까지 미국의 집값은 90퍼센트까지 높아졌어요.

2001년에 미국 캘리포니아의 주택 평균가는 26만 2천 달러였어요. 그러다 2005년에는 53만 2천 달러로 두 배 이상 급등했습니다! 이 기간에 컬럼비아 특별구와 10개 주에서 집값이 70퍼센트 올랐어요. 하지만 같은 기간에 재화와 서비스의 일반적인 가격 수준은 단지 13퍼센트 올랐을 뿐이었습니다. 주택 가격이 인플레이션보다 빠르고 높게 치솟았다는 말입니다.

사람들은 주택 가격이 터무니없이 높아지기 전에 어서 부동산을 사야 한다고 생각했어요. 훗날 집값이 더 뛰었을 때 되팔아 빨리 수익을 보려는 사람들도 부동산에 투자했지요.

2000년대 들어서 부동산 가격이 올랐고, 이자율이 낮아 은행에서 대출받기도 쉬웠습니다. 따라서 사람들은 비싼 부동산을 계속해서 구입했어요.

▶▶▶ 낮은 이자율

부동산 거품이 일었던 나라에서는 공통적으로 중앙은행이 금리를 낮게 유지하고 있었어요. 알다시피 금리가 낮으면 개인과 기업의 대출이 늘어납니다. 낮은 금리를 유지하기 위해 중앙은행은 시중에 통화량 공급을 늘렸어요. 즉 금융 기관이 개인과 기업에 대출을 제공할 여력이 커졌지요. 대출 비용이 싸니 사람들은 갚을 수 있는 범위를 넘어서 돈을 빌렸어요.

▶▶▶ 대출 되팔기

은행은 대개 대출금을 확실히 돌려받을 수 있다고 판단되는 사람에게 대출을 제공합니다. 돈을 빌린 사람이 돈을 갚지 않으면 은행이 손해를 보기 때문이지요. 그런데 부동산 거품 시기에 은행 등 금융 기관에 가해지는 규제가 완화되었어요. 은행은 사람들에게 제공했던 대출에 대한 권리를 다른 투자자에게 팔기 시작했습니다. 이렇게 되면 돈을 빌린 사람이 대출금을 갚지 못했을 때, 은행이 아니라 그 대출을 산 투자자가 손해를 봅니다.

미국에서 정부 후원을 받는 대출 업체인 페니매(Fannie Mae, 연방저당공사증권)와 프레디맥(Freddie Mac, 연방주택모기지공사)은 은행들로부터 대출을 많이 사들였습니다. 이 업체들은 대출의 일부는 보유하고 나머지는 투자의 일환으로 시민들에게 되팔았어요. 또한 대출받는 사람들을 위해 규제를 전보다 느슨하게 만들었습니다.

▶▶▶ 서브프라임 대출

갑자기, 대출금을 갚기 힘든 형편의 사람들도 쉽게 대출을 받을 수 있게 됐어요. 이들은 봉급이 적거나 대출금을 갚지 못한 경험이 있는 사람들로 비우량(불량) 고객이라 해요. 이렇게 신용도가 일정 기준 이하인 저소득층을 대상으로 한 대출을 **서브프라임(subprime) 대출**이라고 합니다. (반대로 신용도가 좋은 우량 고객을 상대로 한 대출을 프라임 대출이라고 하지요.)

서브프라임 대출자들은 대출 기한을 제대로 살피지 못한 경우가 많았어요. 그래서 대출 이자가 초기에는 높지 않지만 몇 년 후에는 급격하게 증가하는데도 무턱대고 대출을 받았지요. 또한 일반적으로 보증금이 상당해야 담보 대출을 받을 수 있는데, 이제는 규제가 완화된 덕분에 보증금이 많지 않아도 담보 대출을 받는 경우가 늘었습니다. 이렇게 되자 대출을 받으려는 사람이 급증했고, 다들 그 돈으로 집을 사려 하니 집값은 더욱 치솟았지요. 그러나 빌린 돈을 갚지 못하는 사람들이 많아졌고, 따라서 결국 집값도 떨어졌어요.

▶▶▶ 부동산 거품의 이익

부동산이 과대평가되어 이익을 본 사람도 많았습니다. 투자자들은 부동산을 구입한 뒤 가치가 올랐을 때 되팔아 큰 수익을 남겼어요. 또 대개는 집을 사고, 오른 집값을 담보로 대출을 받아 그 대출금을 소비 활동에 썼어요. 투자 회사들은 여러 개의 주택 담보 대출을 하나의 상품으로 묶어 운영하면서 돈을 벌었습니다. 그리고 이 상품은 다시 여러 상품으로 쪼개어져 소규모 투자자들에게 팔렸지요.

이렇게 부동산 거품과 값싼 대출이 연료가 되어 경기 호황이 일어났습니다. 미국, 캐나다, 유럽, 일본, 중국 등 세계 각지에서 경제가 성장 대로를 달렸어요. 사람들은 국산품과 수입품 모두에서 소비를 늘렸고, 기업도 국내와 해외 모두에서 사업을 확장해 나갔어요. 실업률이 떨어지고 사람들은 높은 생활 수준을 누렸습니다.

🌀 세계적인 금융 위기

거품과 값싼 대출로 인한 경기 호황은 영원히 지속되지 않습니다. 결국엔 사람들이 미래 가치를 담보로 돈을 지출하는 일을 그만두고, 따라서 과대평가된 자산 가격이 떨어지기 마련이니까요. 중앙은행도 마침내 금리를 올릴 것입니다. 이자율을 계속 낮게 유지하면 인플레이션과 같은 문제가 발생하기 때문입니다.

▶▶▶ 붕괴의 시작

부동산 가격이 떨어지자 미국과 영국을 포함한 많은 나라가 위기를 맞았어요. 2007년에 영국의 BBC 방송은 미국과 유럽의 은행들이 막대한 손실을 입으면서 이른바 '신용 위기'가 시작되었다고 보도했습니다.

은행 규제가 느슨해지면서 은행이 대출금을 제때 갚을 수 없는 사람에게까지 대출을 제공할 때부터 신용 위기는 부분적으로 시작되었습니다. 서브프라임 대출은 매우 위험했지만 은행은 수익을 내기 위해서라면 무엇이든 했지요. 많은 주택 소유자들이 빚이라는 수렁에 너무 깊게 빠졌다는 것을 깨닫기까지 시간은 그리 오래 걸리지 않았습니다. 사람들은 집을 다시 팔고 싶었지만 집값이 높아서 구매자를 찾을 수 없었어요. 이렇게 '집 가진 빈자'인 이른바 '하우스 푸어(house poor)'가 급속도로 양산되었습니다. 복덩이인 줄 알았던 집이 이제는 빚덩이로 전락하고, 삶의 질을 떨어뜨리는 족쇄가 되어버린 것이지요.

돈을 빌렸던 사람들이 대출금을 갚는 데 실패하자 은행 등 금융 기관을 비롯하여 그 대출을 산 사람들이 손해를 보았습니다. 몇몇 은행과 금융 기관은 무너지기 시작했어요. 사람들이 채무를 불이행했기 때문에 은행은 대출할 자금이 부족해졌습니다.

부동산 시장이 붕괴하자 수많은 사람들이 직장을 잃었어요. 사진은 리먼브라더스 직원이 개인 사무 용품을 챙겨 직장을 떠나는 모습입니다.

리먼 브라더스(Lehman Brothers)와 베어스턴스(Bear Stearns)

부동산 거품 시기에 리먼브라더스와 베어스턴스 같은 미국의 투자 은행들은 서브프라임 **모기지**(비우량 주택 담보 대출)만으로 구성된 **펀드**를 팔아서 수백만 달러를 벌었습니다. 당시 베어스턴스는 미국에서 다섯 번째로 큰 투자 은행이었고 리먼브라더스는 세계적인 금융 회사였어요.

그러나 부동산 가격이 폭락하면서 돈을 빌려 간 사람들이 대출금을 갚지 못하자 리먼브라더스와 베어스턴스는 수십억 달러의 손실을 보았어요. 두 회사는 비용을 감당하지 못해 부도 위기에 처했습니다. 전 세계에 지사를 둔 두 회사가 문을 닫는다면 수백만 명의 일자리와 투자자들의 투자금이 사라질 터였어요.

두 회사는 결국 파산하였습니다. 미국 정부는 제이피모건체이스 은행이 베어스턴스를 인수하도록 설득했어요. 제이피모건은 베어스턴스가 소유한 대출이 부실해서 인수하는 데 값을 많이 치르지 않아도 된다는 사실을 알고 있었습니다. 부동산 거품 시기에 베어스턴스 주식은 한 주당 160달러에 팔렸지만 제이피모건은 베어스턴스 주식을 주당 2달러에 샀어요. 그래서 만약 여러분이 베어스턴스 주식을 100주 가지고 있다면 부동산 거품 시기에 여러분의 주식 가치는 16,000달러에 달했겠지만 회사가 팔리고 난 뒤엔 고작 200달러의 가치에 불과해집니다.

리먼브라더스 투자자들을 포함해서 세계 도처의 사람들이 이런 식으로 피해를 입었어요. 국제적인 규모의 회사가 파산하자 사람들이 교육, 노후, 그 외의 장기 목표에 쓰려고 모았던 평생 자금을 잃어버렸지요.

일자리를 잃은 사람도 넘쳐났어요. 리먼브라더스는 뉴욕 본사 외에도 세계 각지에 수많은 지사와 지점을 두었어요. 그래서 리먼의 런던 지사가 문을 닫자 영국에서 약 4천 명의 직원이 일자리를 잃었어요. 일본에서도 리먼의 파산으로 은행원이 노숙자로 전락하는 사례까지 나왔습니다. 리먼브라더스는 결국 영국의 바클레이 은행에 인수되었습니다.

▶▶▶ 세계적인 경기 침체

부동산 거품이 터진 건 재앙이었습니다. 1920년대 말에서 1930년대 초에 세계를 휩쓸었던 경제 대공황 이후로 그 어느 때보다 심각한 경기 침체가 닥쳤어요. 부동산 시장 붕괴의 영향은 경제 전반으로 퍼져 갔습니다. 금융 기관들은 원가보다 낮은 가치의 자산(일명 '부실 자산')을 떠안게 되면서 극심한 손해를 보았습니다. 또한 북미와 유럽, 아시아, 남미 등지에서 많은 기업이 도산하였고, 수백만 명의 사람들이 직장을 잃었어요.

값싼 대출과 거품이 낀 자산에 의한 경기 호황은 끝내 세계 경기 침체로 막을 내렸다는 사실을 다시 한 번 염두에 두세요.

🅜 계속되는 위기

2000년대의 부동산 거품은 가치 폭락으로 귀결하고 말았습니다. 거품과 낮은 금리로 확장되었던 신용 대출 시장도 급속히 냉각되었어요. 투자 회사를 비롯해 많은 기업이 파산했고, 사람들은 일자리와 예금을 잃었습니다. 사회적으로 경제에 대한 불신이 번지면서 사람들은 세계가 다시 경제 공황에 빠지지 않을지 걱정했어요.

각국의 정부와 중앙은행은 경제에 대한 신뢰를 회복시키기 위해 다양한 노력을 기울였습니다. 은행이 다시 대출을 제공하고, 사람들이 소비를 하고, 기업이 성장해갈 수 있도록 희망하며 정책을 펼쳤어요.

🔘 신용 위축

세계의 은행들은 부실한 서브프라임 대출을 거래했습니다. 이제 그 위험성이 드러났지만 각 은행이 얼마나 부실 대출을 많이 껴안고 있는지, 그래서 어느 은행이 파산할 위험이 있는지 누구도 제대로 알지 못합니다. 은행은 서로 돈을 빌려 주기를 꺼렸고, 그 결과 통화의 유통이 멈췄어요. 기업은 성장하기 위해 필요한 자금을 융통할 수 없었고 사람들은 소비에 필요한 대출을 받을 수 없었어요. 바로 신용 위축 현상이 발생한 것이지요.

신용 위축 하에서 경제는 침체에서 빠져나오기가 더욱 힘들어집니다. 경제 성장을 이끄는 동력은 소비자의 지출에서 나와요. 또 기업 투자가 활발해야 새 일자리가 생기고 경제 성장이 유지됩니다. 그런데 이렇게 신용 대출이 위축되면 소비와 투자를 위해 빌릴 수 있는 돈이 묶여 버려요. 이로 인해 침체기는 더욱 길어지고 혹독해집니다.

🔘 중앙은행의 개입

부동산 거품 시기에 이자율은 낮았습니다. 그런데 경기가 침체되자 중앙은행은 이자율을 더욱 낮추었습니다. 미국은 금리를 거의 0퍼센트에 가깝게 낮추었고 영국은 근 50년 중 가장 낮은 수준까지 금리를 떨어뜨렸어요. 중앙은행은 금리를 낮추고 통화량을 늘림으로써 일반 은행이 사람들에게 많은 대출을 제공할 것이라 기대했습니다. 그러면 개인과 기업의 지출이 늘기 시작해 경제가 다시 성장할 테니까요.

🔖 아이슬란드의 파산

아이슬란드는 최근의 경기 침체기에 치명타를 입은 나라입니다. 아이슬란드 은행들은 2000년대 들어 경제 성장을 뒷받침하기 위해 많은 빚을 졌어요. 그러다가 다른 은행들이 더 이상 대출을 제공해 주지 않자 아이슬란드 은행들은 부채를 갚을 방법이 없어졌어요. 결국 2008년에 아이슬란드는 국가 파산을 선언했습니다.

기업이 구제 금융을 받아 위기를 면할 수 있는 것처럼 아이슬란드도 국제통화기금(IMF)에 긴급 융자를 신청했습니다. IMF는 세계 무역 안정을 목적으로 설립한 국제 금융 기구로서, 아이슬란드의 경제가 안정되도록 수십억 달러를 지원해 주었습니다. 불과 1년 전만 해도 1인당 국민 소득이 세계 5위였던 아이슬란드가 이처럼 IMF 구제 금융을 받는 신세가 되었습니다.

🎵 정부의 개입

중앙은행뿐 아니라 정부 또한 은행을 도우려고 노력했습니다. 대출해 준 돈을 받지 못해 파산 위기에 빠진 은행들을 살리고자 했지요. 예를 들어, 영국의 두 거대 은행인 스코틀랜드왕립은행(RBS, Royal Bank of Scotland)과 HBOS(Halifax Bank of Scotland)가 몰락할 위험에 직면하자 정부가 나서 대규모로 재정을 지원했습니다.

또한 2009년 말, 미국에서는 140개 이상의 은행이 무너지기 일보 직전이었어요. 이에 미국 정부는 뱅크오브아메리카(BOA, Bank Of America), 씨티그룹 등의 대기업에 **구제 금융**을 해 주었어요. 불량한 대출에 보험을 제공했던 국제 보험 회사 AIG(American International

Group)도 1천억 달러 이상의 정부 펀드를 받았습니다. 경기 침체로 붕괴되기 직전이었던 자동차 업체인 제너럴모터스(GM)와 크라이슬러도 정부 관리를 받았어요.

정부는 이러한 회사가 너무 크기 때문에 파산을 해서는 안 된다고 생각했습니다. 대기업은 연관된 회사, 직원, 투자자가 많기 때문에 이들이 무너지면 경제 전체가 뒤흔들릴 것을 우려했기 때문이에요. 그러나 미국과 영국 정부는 세금 수입이 충분하지 않아 빚을 내서 구제 금융 자금을 마련했기에 정부 부채가 과도하게 늘었습니다.

최근의 침체기에 GM 등 미국의 자동차 생산 업체는 특히 타격이 컸습니다. 이들은 세계 각국에 진출해 있기에 그만큼 위기가 광범위했어요.

8. 요약

주기는 패턴을 그리며 반복합니다. 경제 주기도 경제 성장과 침체가 이어지는 패턴이 반복되는 현상을 말합니다.

호황과 불황

역사를 살펴보면 세계 각국은 경기 호황과 불황을 반복해 왔습니다. 2000년대 초에는 부동산 가격이 급등하면서 부가 커졌다고 느낀 사람들이 소비를 늘렸어요. 이로 인해 기업의 수익이 증가하고, 전 세계 산업 국가는 총생산량이 증대되는 경기 호황을 누렸어요.

그러다 2007년 말에 다다르자 각종 경제 지표가 정점에 도달한 뒤 급강하하기 시작했어요. 경제가 위축되면서 많은 사람이 일자리를 잃었습니다. 집을 헐값에 내놓아야 했고 저축했던 돈도 잃었지요. 자산의 가치가 떨어졌고 세계 경제는 무너지기 시작했습니다. 경제 위기를 느낀 사람들이 소비를 줄이니 침체의 골은 깊어져 갔어요. 거품 낀 자산과 값싼 대출로 구가할 수 있었던 경기 호황은 막을 내린 것입니다.

⚡ 위기 극복하기

각국은 경제를 살리려고 애썼습니다. 정부는 지출을 늘리고 은행과 기업 들을 구제했어요. 중앙은행은 이자율을 낮추어 시중에 돈을 많이 풀었지요. 경제 구성원 모두가 경제가 침체에서 벗어나 새로운 호황으로 진입하기를 희망했습니다.

⚡ 경기 호황의 지표

현재 경제가 경제 주기상 어디에 위치하는지 알려면 경제 지표를 살펴보면 됩니다. 아래의 경제 지표는 경제가 성장할 때 나타나는 현상입니다.

— 국내 총생산이 증가합니다.

— 기업의 생산량이 증가합니다.

— 사람들의 소비가 늘어납니다.

— 기업이 성장하고 창업이 활발해집니다.

— 자산의 가치가 오르거나 주가가 올라서 투자자들이 수익을 얻습니다.

— 기업이 더 많은 직원을 고용합니다.

— 사람들이 소비를 위해 대출을 받습니다.

🎢 경기 침체의 지표

경기 침체기에는 경제 성장이 현저히 둔화됩니다. 아래의 경제 지표는 경기 침체의 신호입니다.

- 국내 총생산이 감소합니다.
- 기업의 생산량이 감소합니다.
- 사람들의 소비가 줄어듭니다.
- 기업이 비용을 절감하거나 폐업합니다.
- 자산의 가치가 떨어져 투자자들이 손해를 봅니다.
- 기업은 직원을 해고하고, 새로운 고용을 창출하지 못합니다.
- 은행은 대출을 제공할 자금이 부족해집니다.
- 개인과 기업이 큰 빚에 허덕입니다.

🎢 돈의 흐름

시중에 유통되는 돈의 흐름을 잘 살펴도 경제가 어떤 상태에 위치하는지 파악할 수 있습니다.

🎢 우리는 지금 어디에 서 있을까?

2008년 세계적인 금융 위기 이후로 세계 경제 흐름은 '대침체기(Great Recession)'로 표현됩니다. 각 나라가 경기 회복을 위해 시중에 통화량을 늘렸고, 국제적인 공조를 통해 가까스로 경제를 회복시켜 갔어요. 그러나 그리스, 이탈리아, 스페인 등 유럽 국가들이 잇따른 재정 위기에 처하면서 세계 경제가 다시금 휘청이고 있습니다. 세계적으로 실업률이 높고 부동산 시장이 가라앉아 있으며 물가도 불안한 등 불황의 지표를 보입니다. 하지만 각국은 다양한 경제·사회적 전환을 탐색하고, 기업들도 불황 타개를 위해 노력하며 다시 호황기를 맞이하기를 희망하고 있습니다.

최근 세계 경제 위기의 연대표

2005년		미국의 몇 개 주에서 집값이 급등하기 시작합니다.
2006년		부동산 가격이 스페인에서는 5년 사이 2배로 뛰었고, 영국에서는 90퍼센트, 아일랜드에서는 71퍼센트까지 올랐습니다.
2007년	**6월**	미국 주식 시장에서 다우존스산업평균지수가 200 포인트가량 급락했어요. 다우존스산업평균지수는 가장 오래된 주가 지수 산출 방식으로 1884년 미국의 다우존스라는 회사에 의해 처음으로 발표된 주가 평균이에요. 이러한 주가 급락은 경제에 적신호입니다.
		서브프라임 모기지(비우량 주택 담보 대출)로 구성된 2개의 베어스턴스 투자 펀드가 파산했습니다.
	7월~8월	은행이 대출금을 갚지 못하는 사람들의 부동산을 차압했습니다.
		미국 캘리포니아에서는 하루에 2천 건의 부동산 차압이 이루어지기도 했어요.
	9월	주택 담보 대출을 많이 보유했던 영국의 노던락 은행이 부동산 값 폭락으로 위기를 맞았습니다.
	11월	미국 자동차 회사인 제너럴모터스(GM)가 역사상 최대

손실을 기록했습니다.

	12월	세계적으로 주가 폭락 사태가 발생했습니다.
2008년	**6월**	영국의 부동산 시장이 폭락했고, 거래도 급격히 감소 했어요.
	9월	미국의 투자 은행인 리먼브라더스가 붕괴했습니다. 다우존스산업평균지수가 하루 만에 778포인트 떨어 졌는데, 1일 기준으로 미국 역사상 가장 큰 폭의 하락 이었어요. 러시아, 영국, 독일, 프랑스, 남미, 일본 등의 주식 시장 이 폭락했습니다.
	10월	아이슬란드가 파산을 선언했습니다.
	12월	국제통화기금(IMF)은 미국과 영국, 일본 등의 선진국이 2009년에도 불황을 겪을 것으로 전망했습니다. 영국 정부와 중앙은행은 은행 부도 사태를 막기 위해 8500억 파운드의 구제 금융을 지원했습니다.
2009년	**6월**	미국 자동차 회사 제너럴모터스(GM)가 파산했습니다.
	11월	세계은행은 43개 나라가 여전히 경기 침체 상태라고 진단했습니다. 미국의 씨티그룹이 파산을 신청했습니다.

미국의 실업률이 27년 만에 처음으로 10퍼센트까지 높아졌습니다.

12월

영국 정부는 스코틀랜드왕립은행과 로이즈뱅킹그룹에 구제 금융을 지원했어요.

2010년 **1월**

2009년 하반기에 미국의 국내 총생산이 증가한 것으로 나타났습니다.

4월

그리스가 IMF와 유로화를 사용하는 16개국에 구제 금융을 신청했습니다.

2011년 **4월**

포르투갈이 유럽연합(EU)에 구제 금융을 신청했습니다.

7월

유로존은 그리스 2차 구제 금융안에 합의했어요.

8월

유럽 재정난과 더블딥(경기 침체 후 잠시 회복기를 보이다가 다시 침체에 빠지는 이중 침체 현상) 우려로 세계 주가가 폭락했습니다.

2012년 **1월**

국제신용평가사가 프랑스, 이탈리아, 스페인 등 유로존 9개국에 대해 신용 등급을 강등했습니다.

용어 설명

1인당 국내 총생산(GDP) 국내 총생산을 그 나라의 인구수로 나눈 것.

가치 재화나 서비스가 지니고 있는 쓸모. 돈은 흔히 가치를 평가하는 단위입니다.

거품 상품의 가치가 원래의 정상적인 가치보다 훨씬 커진 현상.

경제 인간의 생활에 필요한 재화나 서비스를 생산·분배·소비하는 모든 활동. 또는 그것을 통하여 이루어지는 사회적 관계.

경제학 사회가 어떻게 한정된 자원을 효율적으로 이용할지를 연구하는 학문.

경제 주기 경제 성장과 침체가 이어지는 패턴이 반복되는 현상.

경제 지표 경제가 현재 어느 단계에 있는지 판단하는 기준으로 생산량이나 가격, 실업률 등 여러 가지가 있습니다.

경기 침체 경제 활동의 둔화가 지속되는 상태.

공급 기업이 생산한 재화나 서비스를 팔기 위해 시장으로 가져오는 수량.

공황 불황이 악화된 상황으로 경제의 엄청난 침체.

구제 금융 정부가 파산 위험에 처한 회사에 제공하는 일종의 대출금.

국내 총생산(GDP) 한 국가 내에서 한 해 동안 생산된 모든 재화와 서비스의 시장 가치를 합한 수치.

내구재 건물이나 자동차, 가구처럼 수명이 긴 재화.

대출 돈이나 물건 따위를 빌려 주거나 빌림.

디플레이션 경제 내에 통화량이 충분하지 않을 때, 흔히 사용하는 재화와 서비스의 가격이 하락하는 현상.

모기지 은행이 부동산을 담보로 하여 주택 자금을 장기간 빌려 주는 일.

무역 적자 총 수입액이 총 수출액보다 클 때.

무역 흑자 총 수출액이 총 수입액보다 클 때.

배당금 주주에게 지급하는 회사 이윤의 일부분.

부채 빚진 돈.

불경기(불황) 경제 성장이 매우 느리게 진행되는 기간. 이 시기엔 노동자의 평균 임금이나 소매 판매 같은 경제 지표가 하락합니다.

비용 어떤 일을 하는 데 드는 돈.

서브프라임 대출 신용도가 낮은 고객을 대상으로 한 대출.

서비스 물질적 재화 이외의 생산이나 소비에 관련한 모든 경제 활동.

세금 정부가 필요한 경비로 사용하기 위하여 개인이나 기업의 소득, 재산, 구입한 물품 등에 강제적으로 부과하는 금전.

소비자 구매자.

소비자의 신뢰 소비자들이 경제가 계속 성장할 것이라고 믿음.

수요 소비자가 구매할 의향과 능력이 있는 재화와 서비스의 수량.

수입 임금이나 투자에서 얻는 이자 등의 소득.

수입 다른 나라에서 재화나 서비스를 사들이는 것.

수출 한 나라에서 생산한 재화나 서비스를 다른 나라에 판매하는 것.

신용 거래한 재화의 대가를 앞으로 치를 수 있음을 보이는 능력.

신용 시장 돈을 빌리는 사람과 빌려 주는 사람으로 구성되며 신용 대출을 주고받습니다.

실업률 일할 능력과 취업할 의사가 있는 사람 가운데 일자리가 없는 사람이 차지하는 비율.

실업 보험금 정부가 실직 상태에 있는 사람에게 일정한 조건 하에서 지급하는 급여나 수당.

양적 완화 금리 인하 등의 정책으로 경기 부양 효과가 없을 때, 정부나 중앙은행이 국채 매입 등을 통해 시중에 유동성을 풀어 통화량을 늘리는 방법.

예금 은행이나 우체국 따위에 돈을 맡기는 일. 또는 그 돈.

위험 예상과 다르거나 손실이 생길 우려가 있음.

이윤 수입에서 비용을 뺀 것.

이자 돈을 빌려 쓴 대가로 치르는 일정한 비율의 돈.

이자율(금리) 원금에 대한 이자의 비율.

인플레이션 재화와 서비스의 일반적인 가격 상승.

임금 근로자가 노동의 대가로 사용자에게 받는 보수.

자산 경제적 가치가 있는 유형·무형의 재산.

재화 사고팔 수 있는 모든 물건.

주기 일정한 패턴의 반복.

주식 주식회사의 자본을 구성하는 단위.

주식 시장 기업의 주식을 사고파는 장소.

중앙은행 통화를 관리하고 통화 정책을 실현하는 국가의 주된 은행.

채권 이자를 얻는 투자의 일종으로, 정부

나 기업이 돈을 빌리기 위해 발행하는 증권을 일컫기도 합니다.

채무 불이행 대출을 받은 뒤 갚지 못하는 상태.

초 인플레이션 매우 높은 수준의 인플레이션.

최고점(정점) 경제 주기에서 성장 단계가 최고 지점에 이르렀을 때.

최저점 경제 성장이 후퇴하기 시작하여 가장 낮은 지점에 이르렀을 때.

통화 돈(유통 수단이나 지불 수단으로서 기능하는 화폐).

투기 일확천금을 노리고 위험을 감수하면서 하는 투자.

투자 이윤을 기대하고 주식 등에 돈을 넣는 것.

파산 개인이나 기업이 빚진 돈을 법적으로 갚을 수 없는 상황.

펀드 금융 회사가 투자자들을 대신해 여러 종류의 금융 상품을 모아 구성한 투자 상품.

호황 경기가 좋음. 또는 그런 상황.

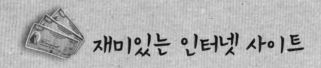

재미있는 인터넷 사이트

아하경제 www.ahaeconomy.com

사단법인 한국경제교육협회에서 운영하는 청소년 경제 신문 사이트로
2010년에 방송통신심의위원회로부터 청소년 권장사이트에 선정되었
습니다. 속담이나 이야기, 역사, 인물 등 다양한 테마를 통해 경제를 학
습할 수 있고 퀴즈나 만화, 체험 활동을 비롯한 경제 놀잇거리가 있습니
다. 또한 신문으로 경제를 공부하고 논술하는 법이 연령에 맞게 안내되
어 있어요. 학생 개개인뿐 아니라 동아리, 선생님, 학부모, 대학생이 함
께 경제를 논하는 등 참여가 활발합니다.

[한국은행 경제교육] 어린이 경제마을, 청소년 경제나라

http://kids.bokeducation.or.kr, http://youth.bokeducation.or.kr

경제의 기본 개념을 동영상으로 학습하고, 경제 만화나 경제 역사 이야
기, 경제 칼럼 등을 보며 자연스럽게 경제에 친숙해집니다. 배운 것을
다시 퀴즈로 풀어 보고 게임으로 즐기면서 익힐 수 있도록 꾸며져 있습
니다. 친구들이 궁금해 한 질문과 답변 모음을 보는 코너도 있고 참고
할 경제 도서 목록도 있습니다.

기획재정부 어린이·청소년 경제교실 http://kids.mosf.go.kr

기획재정부는 우리 경제 정책을 수립하고 조정하는, 중심적인 역할을 수행하고 있습니다. 기획재정부에서 마련한 경제교실 사이트에서는 경제 개념 동영상 강의는 물론 경제학자 이야기, 경제 용어 사전, 경제 실력 알아보기 퀴즈, 경제 뉴스 등 다양한 코너가 마련되어 있습니다.

금융감독원 금융교육 홈페이지 http://edu.fss.or.kr

금융감독원은 금융 기관에 대한 감사·감독 업무를 수행하는 감독 기관으로 건전한 신용 질서와 공정한 금융 거래 관행을 확립하고 예금자 및 투자자 등 금융 수요자를 보호함으로써 국민 경제의 발전에 기여하려는 목표를 지니고 있습니다. 애니메이션, 동영상 강의, e-book 자료실 등 다양한 방법으로 금융에 관해 배울 수 있습니다.

한국은행 경제통계시스템 http://ecos.bok.or.kr

한국은행이 제공하는 각종 통계 자료를 찾아볼 수 있습니다. 통화 및 금리, 국민 소득, 물가, 국제 수지, 자금 순환, 경기, 기업 경영 분석, 산업 연관 분석 등 경제 각 분야에 걸쳐서 주요 국가의 기본 경제 통계를 제공해 줍니다.

찾아보기

내인생의책은 한 권의 책을 만들 때마다
우리 아이들이 나중에 자라 이 책이 '내 인생의 책'이라고 말할 수 있는 책을 만들고자 합니다.

청소년을 위한
세계경제원론 **03** 경제 주기
(원제: Booms, Bubbles & Busts: The Economic Cycle)

바바라 고트프리트 홀랜더 글 | 김시래, 유영채 옮김 | 이지만 감수

초판 인쇄일 2012년 2월 8일 | 초판 발행일 2012년 2월 15일
펴낸이 조기룡 | 펴낸곳 내인생의책 | 등록번호 제10-2315호
주소 서울시 마포구 망원동 385-39 3층 (우)121-821
전화 (02)335-0449, 335-0445(편집) | 팩스 (02)335-6932
전자우편 bookinmylife@naver.com | 홈 카페 http://cafe.naver.com/thebookinmylife
책임편집 손유진 | 편집 김지연 신유진 박소란 유정진 오혜림 | 마케팅 김정옥 신 현 | 디자인 이선영

The Global Marketplace, Booms, Bubbles & Busts: The Economic Cycle
Text: Barbara Gottfried Hollander
ⓒ Capstone Global Library Limited 2011
All rights reserved

Korean Translation Copyright ⓒ 2012 by TheBookinMyLife Publishing
Published by arrangement with Capstone
through BC Agency, Seoul.

ISBN 978-89-91813-64-9 44320
ISBN 978-89-91813-66-3(세트) 44320

책값은 뒤표지에 있습니다.
잘못된 책은 구입처에서 바꾸어 드립니다.

이 도서의 국립중앙도서관 출판시도서목록(CIP)은 e-CIP 홈페이지(http://www.nl.go.kr/ecip)에서 이용하실 수
있습니다. (CIP제어번호: CIP2012000404)

책은 나무를 베어 만든 종이로 만듭니다.
그래서 원고는 나무의 생명과 맞바꿀 만한 가치가 있어야 합니다.
그림책이든 문학, 비문학이든 원고 형식은 가리지 않습니다.
여러분의 소중한 원고를 bookinmylife@naver.com으로 보내주시면
정성을 다해 좋은 책으로 만들겠습니다.

청소년을 위한
세계경제원론

이론과 현실을 조화롭게 아우른 생생한 세계경제원론서!

'세계경제'의 시대를 살아갈 우리 청소년들이 경제를 바로 알고, 경제 문제에 현명하게 대처해 나갈 수 있도록 튼튼한 첫
단추를 끼워주고자 이 책을 출간합니다. 25년 경력의 경제 전문 기자가 번역하고 경제·경영 교수가 감수하여 전문성을
담보하였고, 풍부한 사례와 연구 결과로 뒷받침하며 이해하기 쉽게 서술하였습니다.

청소년을 위한 세계경제원론 - 01 경제학 입문

바바라 고트프리트 홀랜더 글 ㅣ 김시래, 유영채 옮김 ㅣ 이지만 감수

수요와 공급에서부터 사업 조직, 대출과 이자, 중앙은행과 정부의 역할, 경제 체제
그리고 무역에 이르기까지 경제학에 대한 개념을 세웁니다.

청소년을 위한 세계경제원론 - 02 금융 시장

애론 힐리 글 ㅣ 김시래, 유영채 옮김 ㅣ 이지만 감수

'투자'의 기능과 함께 금융 시장의 개념과 작동 원리,
예금, 적금, 주식, 채권 등 다양한 투자의 세계를 알아봅니다.

청소년을 위한 세계경제원론 - 03 경제 주기

바바라 고트프리트 홀랜더 글 ㅣ 김시래, 유영채 옮김 ㅣ 이지만 감수

세계금융시장의 역사와 더불어 경제 주기는 어떤 패턴으로 반복되는지,
현재 경제가 호황기인지 불황기인지 판단하는 지표는 무엇인지를 살펴봅니다.

청소년을 위한 세계경제원론 - 04 세계화

데이비드 앤드류스 글 ㅣ 김시래, 유영채 옮김 ㅣ 이지만 감수

시장과 무역의 역사, 세계화가 진행되면 어떤 점이 좋고 나쁜지,
세계화가 노동자와 소비자, 자연환경과 문화에 어떤 영향을 미치는지 조명합니다.